3D 프린팅 수업을 위한

틴커캐드 디자인 ①

고성민 · 이송하 · 이지윤 지음

도서출판 | 메카피아

(주)메카피아는 오토데스크 아카데믹파트너(AAP : Authorized Academic Partner)로 검증된 공인 강사를 통해 전문적이고 표준화된 교육 서비스를 제공하며 기계제조 분야의 현업경험을 토대로 실무적용에 맞춘 제품교육을 진행하고 있습니다.

3D 프린팅 수업을 위한
틴커캐드 디자인 ❶

발 행 일	2019년 01월 11일 1쇄 발행
	2021년 01월 11일 2쇄 발행
저 자	고성민 · 이송하 · 이지윤 지음
발 행 처	도서출판 메카피아
발 행 인	노 수 황
주 소	서울특별시 금천구 서부샛길 606
	대성디폴리스지식산업센터 제5층 제502호
출판등록	2010년 02월 01일
등록번호	제2014-000036호
대표전화	1544-1605
기술교육부	02-861-9043
영 업 부	02-861-9044
팩 스	02-861-9040
이 메 일	mechapia@mechapia.com
홈페이지	www.mechapia.com
표지·편집	포인디자인
마 케 팅	이예진
I S B N	979-11-6248-023-6 13000
정 가	10,000원

- 이 책은 저작권법에 의해 보호를 받는 저작물로 무단 전재나 복제를 금지하며,
  이 책 내용의 전부 또는 일부를 이용하려면 반드시 저작권자나 발행인의 서면동의를 받아야 합니다.
- 파본 및 낙장은 구입하신 서점에서 교환하여 드립니다.

국립중앙도서관 출판예정도서목록(CIP)

이 도서의 국립중앙도서관 출판예정도서목록(CIP)은 서지정보유통지원시스템 홈페이지(http://seoji.nl.go.kr)와 국가자료종합목록시스템(http://www.nl.go.kr/kolisnet)에서 이용하실 수 있습니다.
(CIP제어번호 : CIP2018040718)

I about Author

저자 소개

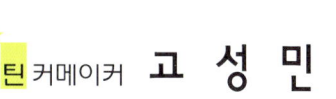

틴 커메이커 **고 성 민**

영화, 게임컨텐츠를 개발해오다가
3D 프린팅을 접하게 되면서 3D 프린팅 교육으로 전향하여
메이커 강사로 활동해 오고 있다.
현재는 (주)틴커스페이스를 설립하고 메이커스페이스를 구축하여
끊임 없이 3D 프린팅 교육 컨텐츠를 연구·개발해 나가고 있다.

틴 커메이커 **이 송 하**

산업디자인과를 전공하고 디자인 설계, 모델링 일을 하다
현재 3D 메이커 강사로 활동 중이며, (주)틴커스페이스 이사를 겸임하고 있다.
더욱 즐거운 메이커 수업을 만들어가기 위해
메이커 교육 커리큘럼을 연구·개발 중이다.

이 지메이커 **이 지 윤**

제조업에서 컴퓨터디자인 업무만 운명처럼 해오다가
지금도 만들기와 컴퓨터가 좋아서 컴퓨터랑 만들기 놀이 중이다.
쉽고 즐거운! 3D프린팅, 코딩, 메이커 교육을 위하여
매순간 즐거운 고민을 하고 있는 프리랜서 강사이다.

머리말 | Preface

　4차 산업혁명에 대비하여 메이커 문화도 확산되고 있습니다. 정부에서 3D프린팅 기술과 메이커 스페이스 구축에 많은 예산을 투자하고, 각 학교마다 3D프린터를 보급하는 계획까지 진행해나가고 있습니다. 그에 반해 3D프린팅 관련하여, 단계적으로 배울 수 있는 교육용 3D디자인 서적이 부족한 실정이며, 그 부분을 해소하기 위하여 이 책을 출간하게 되었습니다.

　이 책의 내용은 다양한 형식의 3D디자인 예제들로 구성되어 있는데, 독자들이 단계 별로 학습해나가면서 메이커가 될 수 있도록 안내할 것입니다. '3D프린팅 수업을 위한 틴커캐드 디자인'은 3D프린팅 방과 후 수업이나 다양한 기관의 3D프린팅 체험수업 교재로도 사용 될 수 있도록 내용이 구성되어 있습니다. 또한 학생들이 스스로 디자인하는 것에 대한 흥미를 느낄 수 있도록 챕터마다 다양한 주제들로 구성되어 있습니다. 학생들은 틴커캐드의 여러 가지 기능들을 쉽게 습득해 나감과 동시에 매 작품을 완성할 때마다 성취감을 느낄 수 있습니다. 강사들은 가이드 라인이 잘 잡혀 있는 '3D프린팅 수업을 위한 틴커캐드 디자인'을 교재로 사용하여 수업을 진행하면, 별다른 고민이나 어려움 없이 3D모델링 & 프린팅 강의를 이어나갈 수 있습니다.

　이 책의 차별성은 현재 4년간 직접 커리큘럼을 개발하여 실제 수업을 진행하면서 학생들이 흥미를 느끼고 반응이 좋았던 주제들로만 선별하였으며, 학생들의 디자인 능력, 이해도를 파악하고, 3D프린팅 출력까지의 가이드라인이 들어있습니다.

　'3D프린팅 수업을 위한 틴커캐드 디자인'이 학생들의 3D 모델링 학습에 필요한 부분을 충분히 채워줄 수 있기를 희망합니다.

2021년 1월 저자 올림

| Contents 목 차

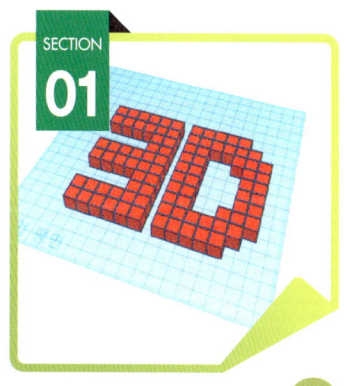

SECTION 01
3D 픽셀 모형 — 14

SECTION 02
팬던트 — 20

SECTION 03
손글씨 도장 — 28

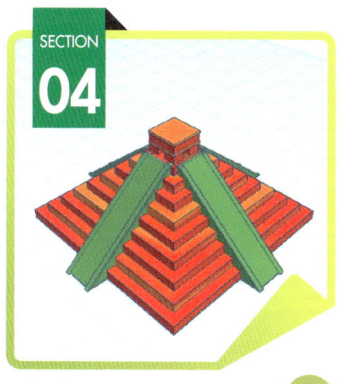

SECTION 04
마야 피라미드 — 39

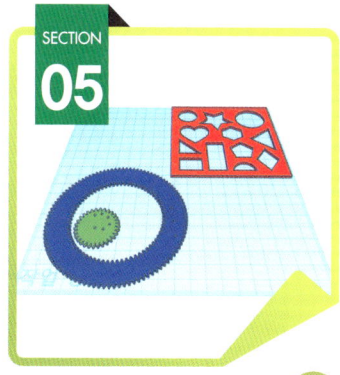

SECTION 05
모양자 — 52

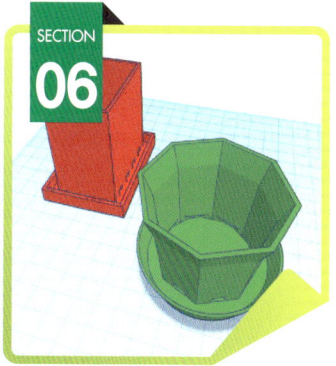

SECTION 06
미니 화분 — 61

 | Contents

목 차

SECTION 07
숫자 주사위 ... 73

SECTION 08
연필 꽂이 ... 85

SECTION 09
연필 캡 ... 95

SECTION 10
알림판 / 도어사인 ... 108

SECTION 11
빙글빙글 팽이 ... 117

SECTION 12
호루라기 ... 126

3D 프린팅 과정

| 3D Printing Curriculum

1. 모델링 파일 준비

틴커캐드는 Autodesk사에서 개발된
3차원 형상을 만드는 프로그램입니다.
https://www.tinkercad.com

※ 그 외 3D 모델링 프로그램
: Fusion 360, SketchUp, OpeNSCAD, Blender, Sculptris 등

2. G-Code 파일 변환

CURA는 Ultimaker의 슬라이싱 프로그램으로
3D 모델링 파일을 G-Code로 변환합니다.
https://ultimaker.com/en/products/ultimaker-cura-software

※ 그 외 슬라이서 프로그램
: Slic3r, KISSlicer, Mattercontrol, Simplify3D 등

3. 3D 프린터 출력

출력재료에 따라 FDM(필라멘트), SLS(파우더),
DLP(광경화성 수지) 등의 3D 프린터가 있습니다.
FDM 3D 프린터는 직교형과 델타형이 있으며,
재료인 필라멘트는 ABS와 PLA 등이 있습니다.

※ 주로 개인이 많이 사용하는 프린터는 PLA 재료를 사용하는 FDM 3D 프린터입니다.

| TINKERCAD

틴커캐드

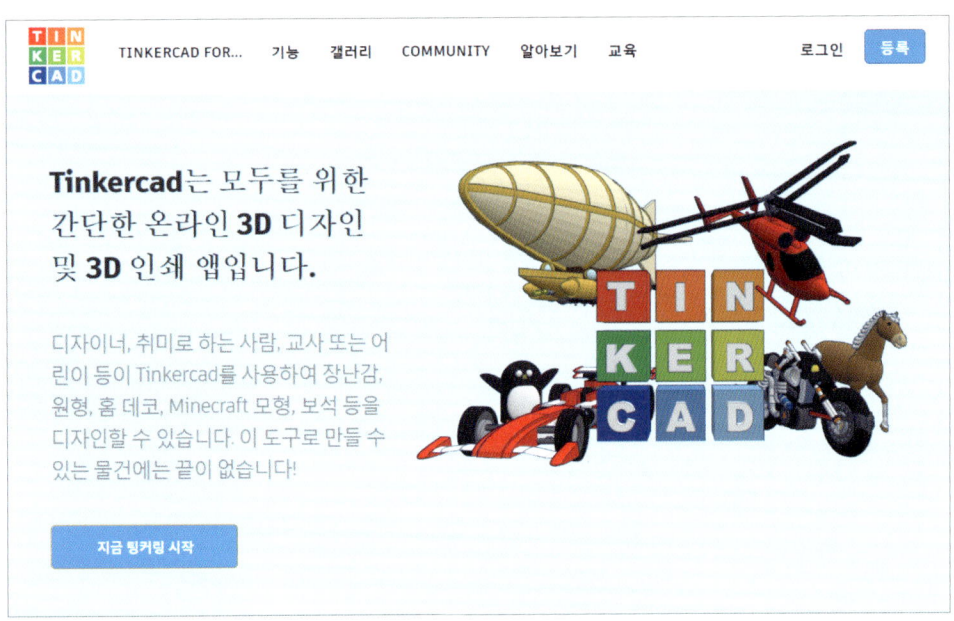

구글크롬의 주소창에 'www.tinkercad.com'를 입력합니다.

틴커캐드는 미국 Autodesk사에서 만든 무료 프로그램입니다.
프로그램을 다운받아 설치하지 않고, 인터넷에 접속하여 프로그램을 실행하여 사용합니다.
작업파일도 클라우드 기반의 저장공간에 자동으로 저장해 줍니다.

지금 팅커링 시작 을 클릭합니다.

계정작성 창에 가입자 정보를 입력합니다.

가입 당시 만 13세 미만인 경우
부모님의 메일주소를 입력하고 계정을 만들 수 있습니다.

만 13세 미만인 경우 [초대 코드 입력 창]에서 선생님 또는 부모님의 초대 코드를 입력합니다.

만 13세 이상의 일반인 사용자가 초대코드를 생성하기 위해서는
상단의 '교육'을 클릭하면 8자리의 코드가 생성됩니다.

가입 후 로그인을 다시 하면 아래와 같은 대시보드가 나옵니다.

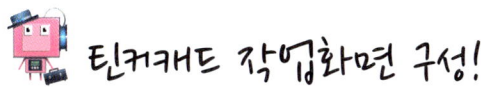
틴커캐드 작업화면 구성!

▲ 작업 평면의 크기, 단위 편집   ▲ 도형 메뉴

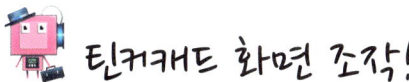
틴커캐드 화면 조작!

❶ **작업 평면 이동** : 작업 평면 위에서 마우스 휠 버튼을 누른 채 드래그하면 작업 평면이 화면의 원하는 곳으로 이동합니다.
　　　　　　　　　[Shift]를 누른 채 드래그하여도 화면이 똑같이 이동합니다.

❷ **작업 평면 회전** : 작업 평면 위에서 마우스 오른쪽 버튼을 누른 채 드래그하면 작업 평면이 360도 원하는대로 회전합니다.

❸ **작업 평면 맞춤** : [F]키를 누르면 선택도형 맞춤 또는 모든 도형맞춤으로 뷰전환을 합니다.

❹ **작업 평면 확대/축소** : 작업 평면 위에서 마우스 휠 버튼을 돌리면 작업 평면이 확대 또는 축소됩니다.

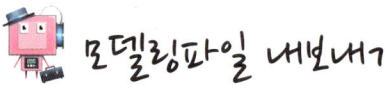 ## 모델링파일 내보내기!

3D 프린팅을 하기 위해서는 모델링 파일을 내보내기 해야 합니다.
틴커캐드 작업 화면의 오른쪽 상단 내보내기 버튼을 클릭합니다.

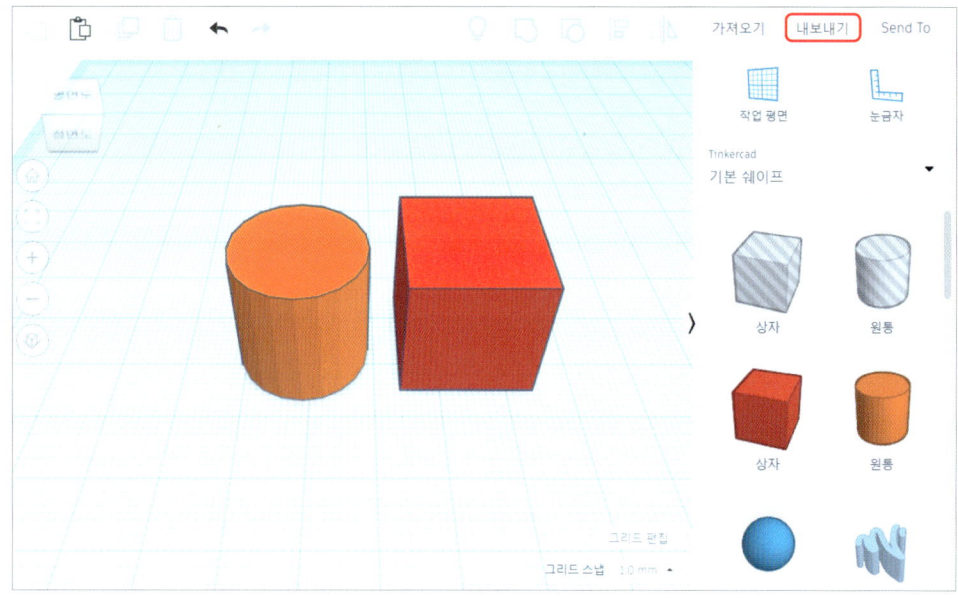

디자인에 있는 모든 것을 선택하고 ".STL" 버튼을 누릅니다.

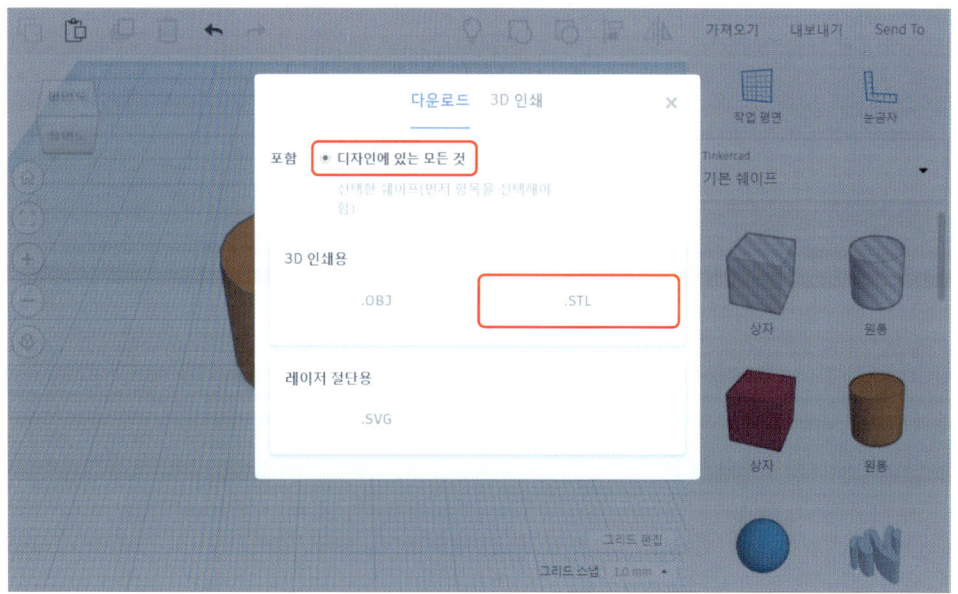

내보내기 한 파일은 "내컴퓨터"의 "다운로드" 폴더 안에서 확인합니다.
(슬라이싱 프로그램을 열고 저장된 stl 파일을 불러오기 할 수 있습니다.)

만약, ".OBJ" 버튼을 누르면 색상정보가 포함된 모델링 도형이 압축된 파일형태로 저장이 됩니다. 압축파일을 풀면 "obj.mtl" 파일과 "tinker.obj" 파일이 함께 저장되어 있습니다.

".SVG" 버튼을 누르면 그림처럼 가장 아래면의 선만 내보내기 됩니다.

SECTION 01
3D 픽셀 모형

TINKERCAD DESIGN For 3D PRINTING

● **기본 도형을 이용하여 다양한 모형 만들기**

기본 쉐이프를 선택하고 복사하기,삭제하기,이동하기,연결하기의 작업을 해봅니다.
3D출력이 가능하게 각 도형의 위치를 조정하여 생각한 모형을 완성합니다.

TINKERCAD DESIGN For 3D PRINTING

SECTION 01

01

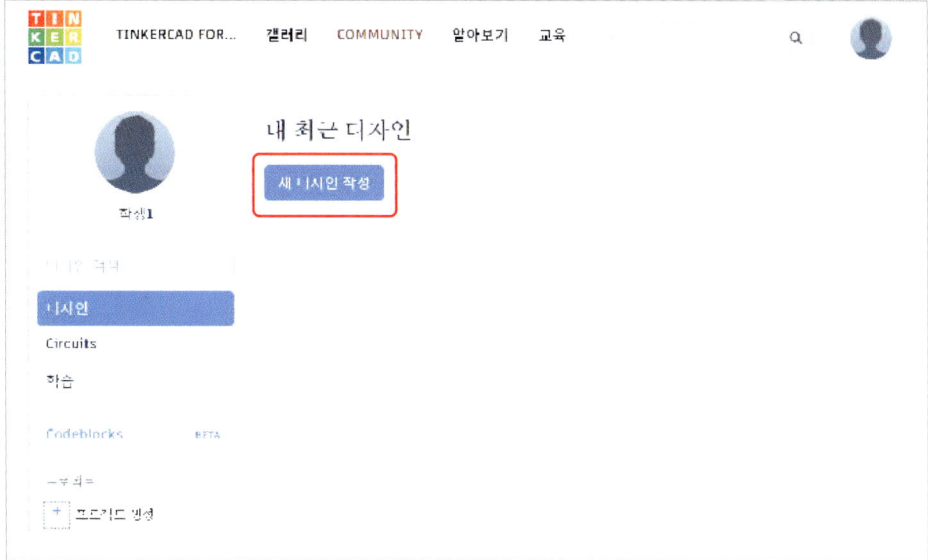

구글크롬 에서 틴커캐드 웹사이트(www.tinkercad.com)에 접속합니다.
로그인 후 대시보드의 `새 디자인 작성` 을 클릭합니다.

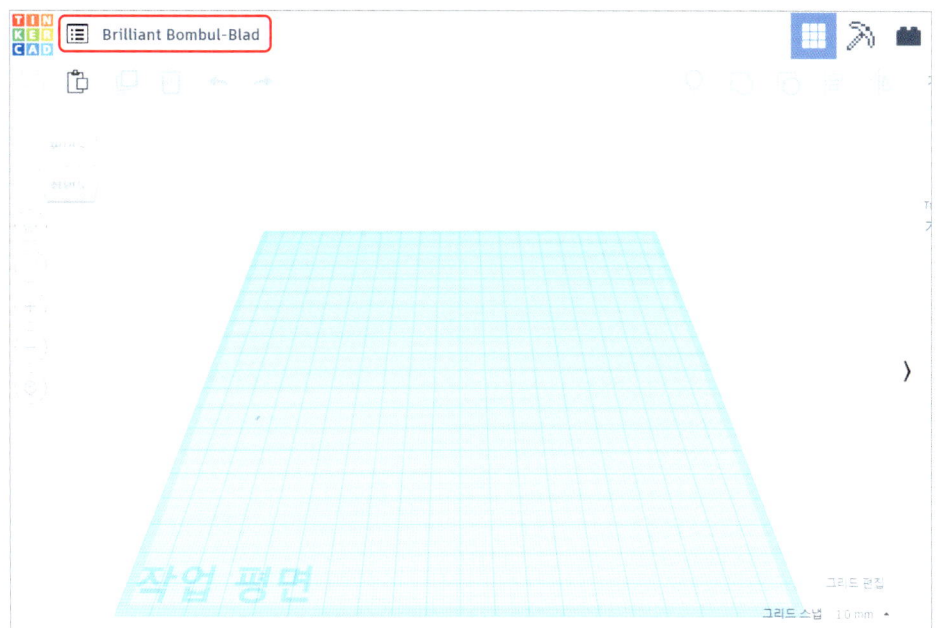

틴커캐드는 저장 버튼이 따로 없으며 웹에서 작업하고 모델링 작업파일 역시 인터넷 저장 공간에 자동으로 저장됩니다. 임의로 주어진 영어이름을 클릭하면 파일명을 수정할 수 있습니다.

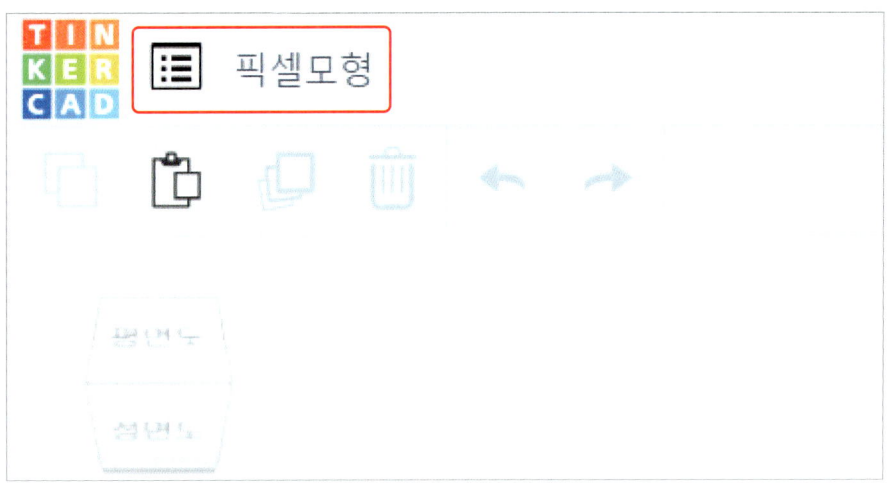

파일명을 "**픽셀 모형**"으로 수정하고 엔터키 또는 화면의 빈 공간 아무 곳이나 클릭합니다.

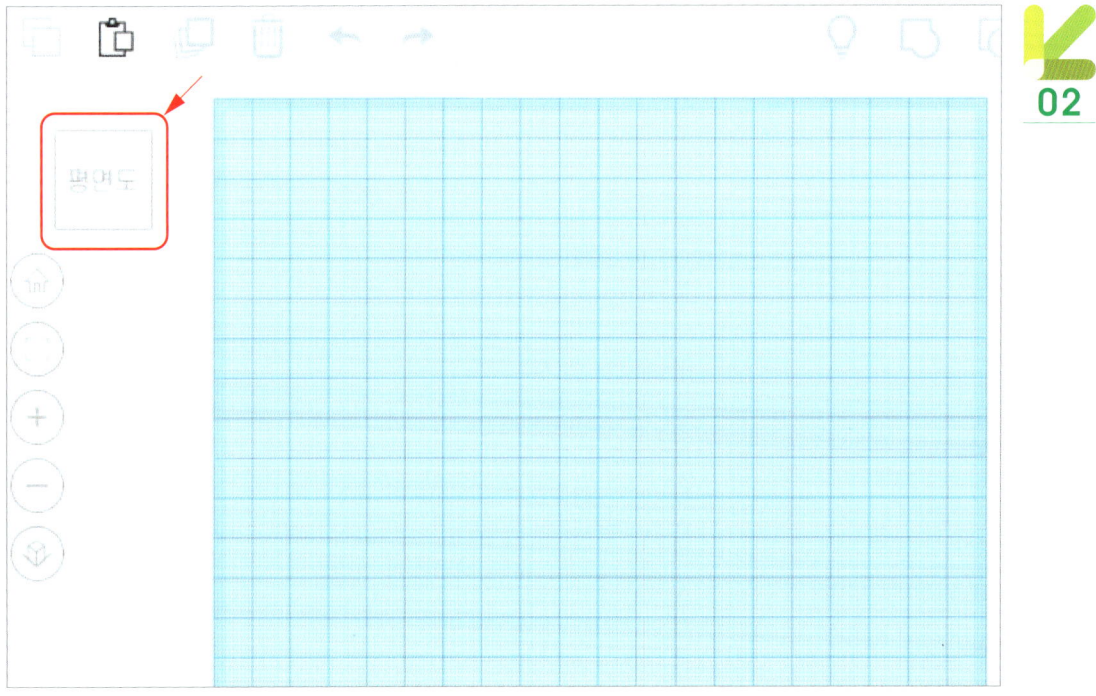

뷰박스는 **평면도**를 선택합니다.

TINKERCAD DESIGN For 3D PRINTING

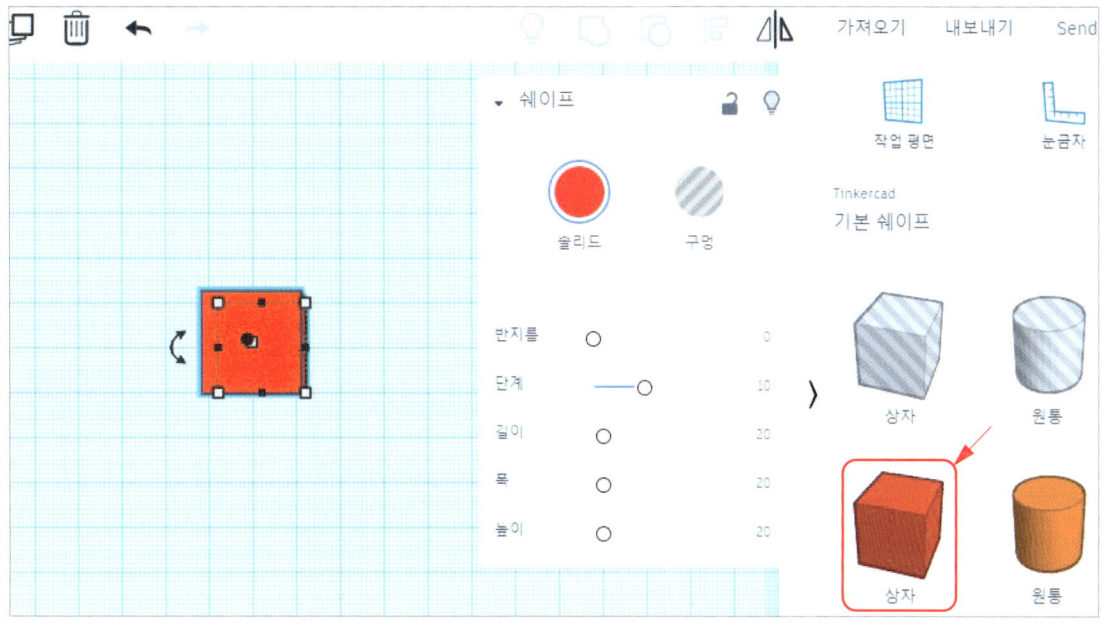

기본 쉐이프에서 상자를 선택하여 작업 평면에 놓습니다.

 도형의 복사

복사할 도형을 선택한 후 키보드의 [Crtl]+[C] (복사하기) 를 누릅니다.
[Crtl]+[V] 를 눌러 복사하고 싶은 수 만큼 반복해서 도형을 복사합니다.
또는 화면 상단의 복사하기, 붙여넣기 모양을 눌러서 복사할 수 있습니다.

 도형의 삭제

삭제할 도형을 선택하여 화면상단의 휴지통 모양을 누르거나 키보드의 [Delete] 키를 누릅니다.

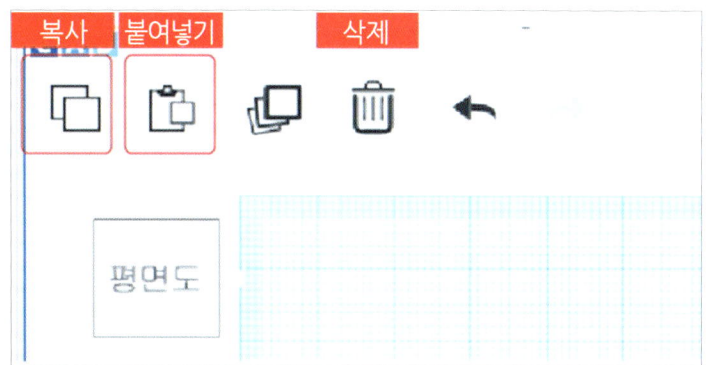

TINKERCAD DESIGN For 3D PRINTING SECTION 01

 도형의 이동

이동할 도형을 선택하여 마우스로 끌어 놓거나 **키보드의 방향키**를 눌러서 위치를 변경할 수 있습니다.

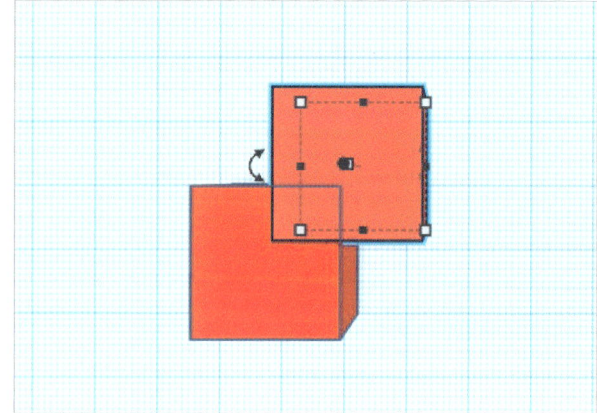

04

도형을 이어서 원하는 모형을 만듭니다.

18

TINKERCAD DESIGN For 3D PRINTING SECTION 01

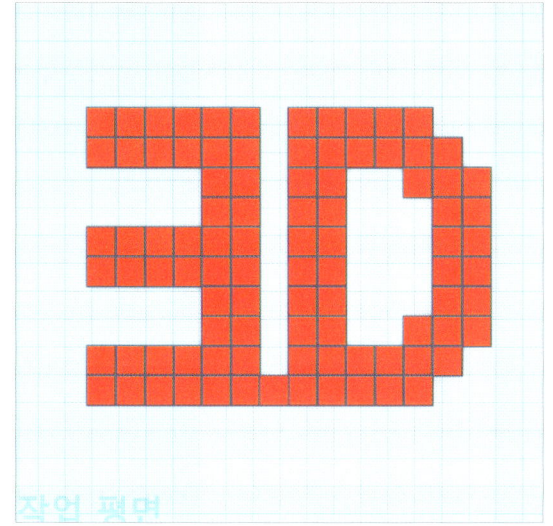
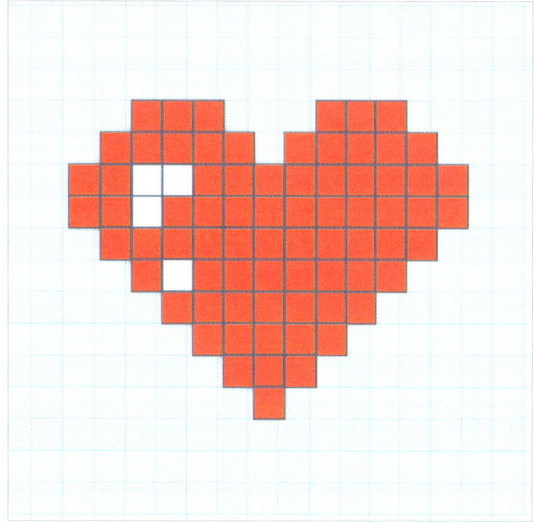
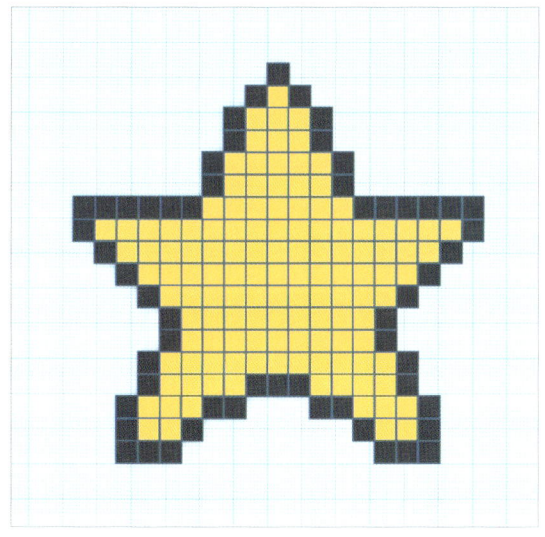
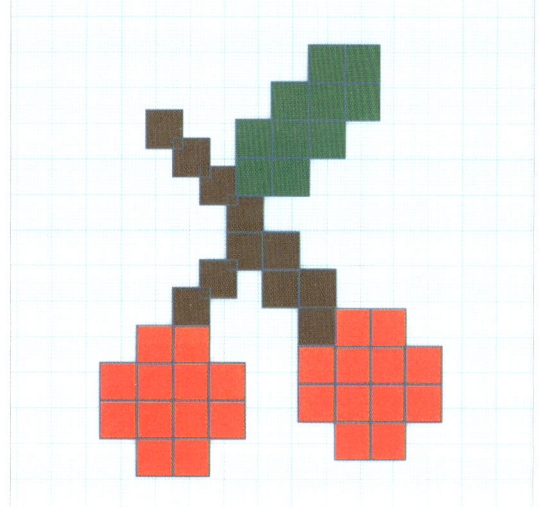

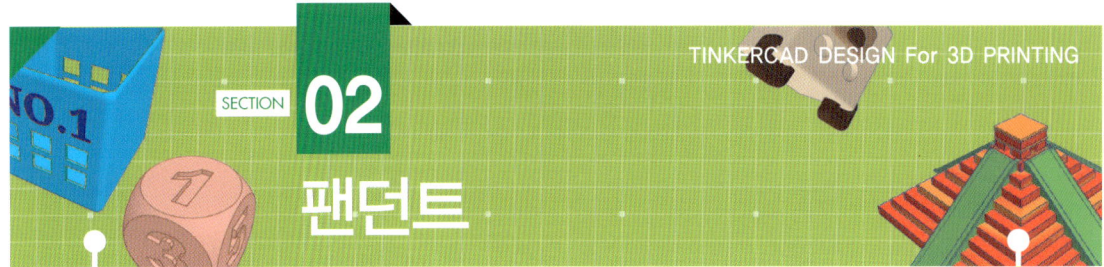

SECTION 02
팬던트

TINKERCAD DESIGN For 3D PRINTING

● **첫 작품 팬던트 만들기**

기본 쉐이프를 사용하여 입체도형을 만든 후 다른 도형과 연결하고 문장을 입력합니다.
도형의 크기를 조절하고 배치하는 방법을 익혀서 나만의 팬던트를 완성합니다.

TINKERCAD DESIGN For 3D PRINTING

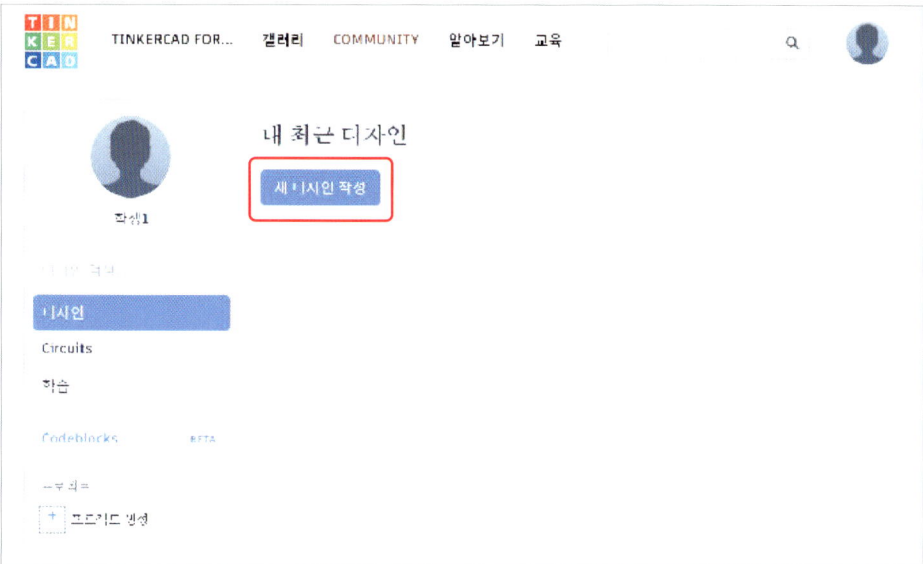

구글크롬 에서 틴커캐드 웹사이트(www.tinkercad.com)에 접속합니다.
로그인 후 대시보드의 새 디자인 작성 을 클릭합니다.

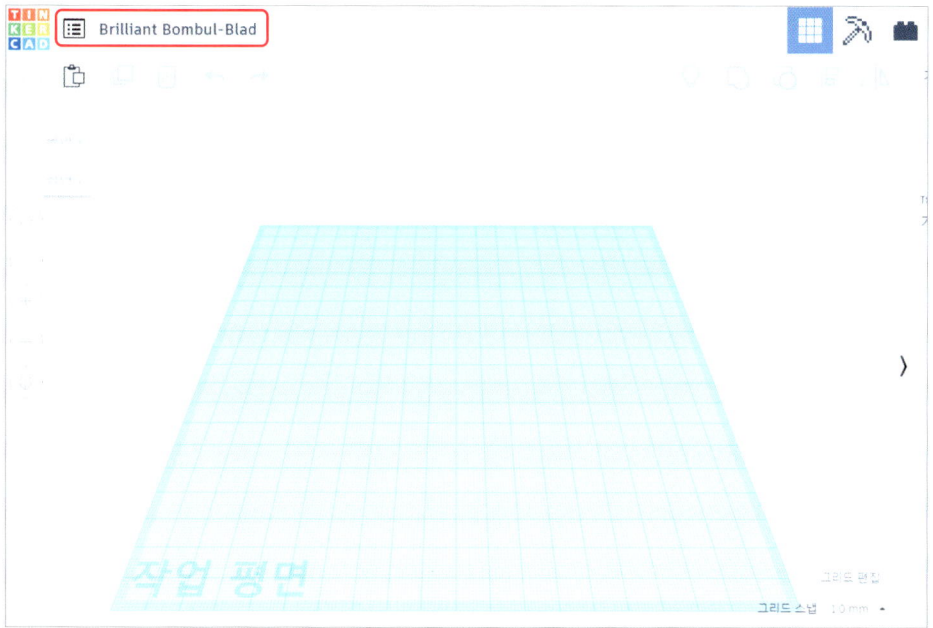

틴커캐드는 저장 버튼이 따로 없으며 웹에서 작업하고 모델링 작업파일 역시 인터넷 저장 공간에 자동으로 저장됩니다. 임의로 주어진 영어이름을 클릭하면 파일명을 수정할 수 있습니다.

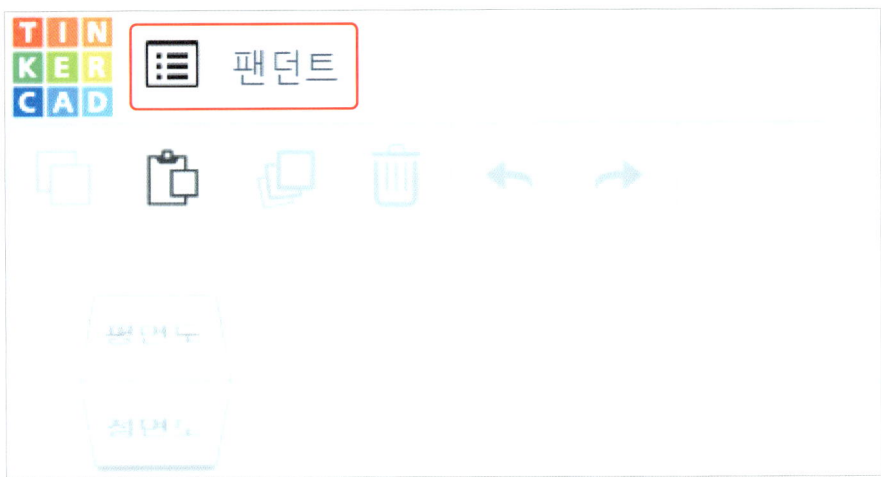

파일명을 "**팬던트**"로 수정하고 엔터키 또는 화면의 빈 공간 아무 곳이나 클릭합니다.

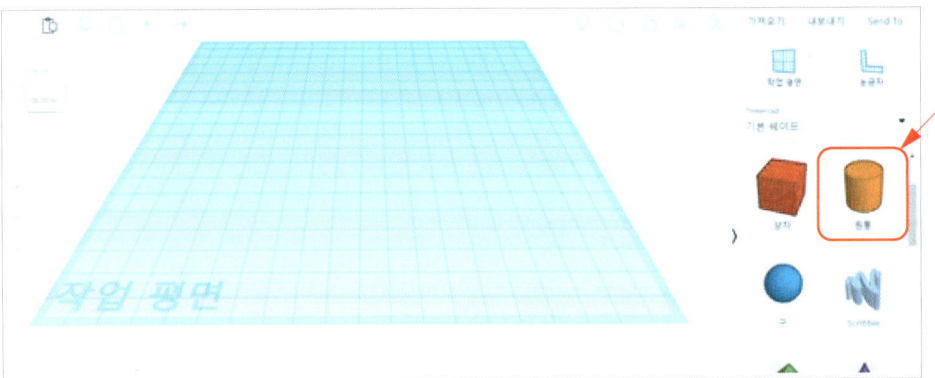

기본 쉐이프에서 원통을 선택하여 작업 평면에 놓습니다.

TINKERCAD DESIGN For 3D PRINTING

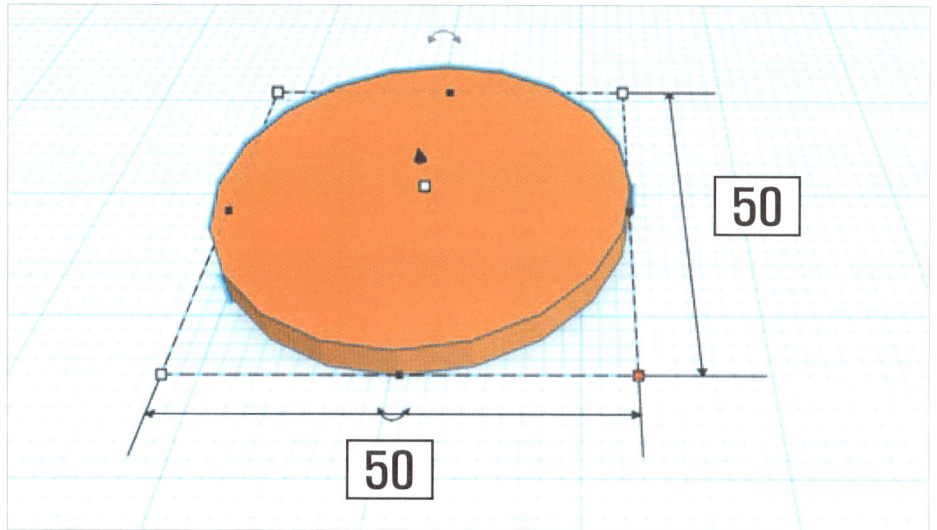

도형을 선택하면 나타나는 **사각버튼을** 마우스로 드래그 하여 치수를 조절합니다.
예 가로 50, 세로 50, 높이 2

 ▶ Shift 키를 누른채 사각버튼을 마우스로 드래그하면 같은 비율로 모양이 확대, 축소 됩니다.

 도형의 크기를 숫자로 입력하기

도형을 선택한 후 나타나는 변의 숫자를 클릭합니다.
도형의 치수를 키보드를 이용하여 숫자를 입력합니다.

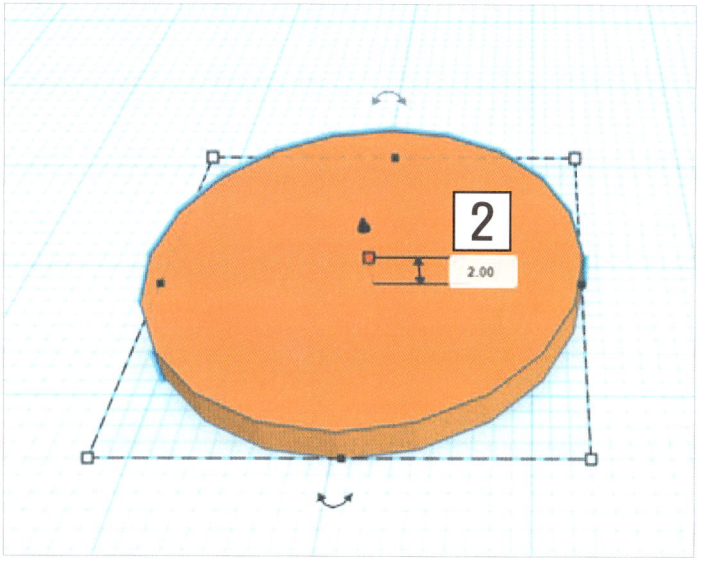

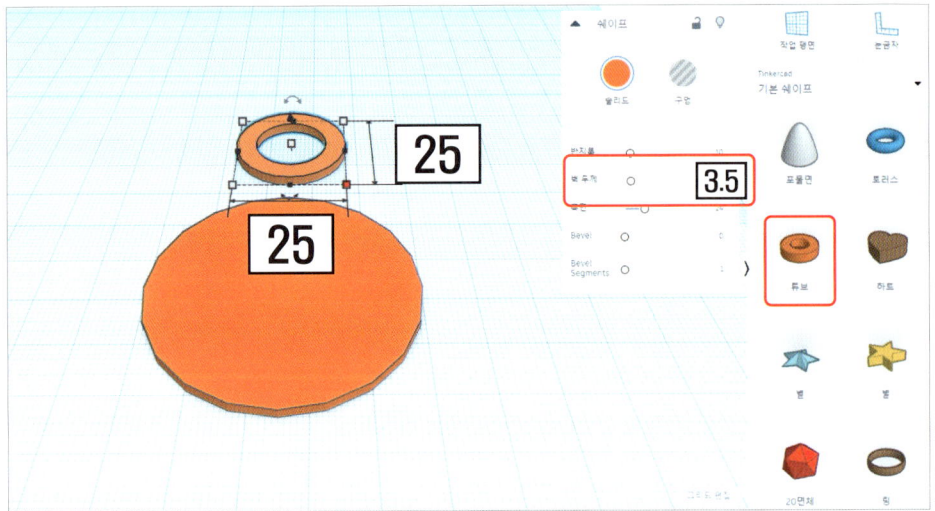

기본 쉐이프에서 튜브를 선택하여 팬던트 고리를 만듭니다.
작업 평면에 튜브를 놓은 후 치수를 조절합니다.
예 가로 25, 세로 25, 높이 2, 벽두께 3.5
고리를 위치에 맞춰 놓습니다.

쉐이프 Babel을 이용하여 도형 둥글게 하기

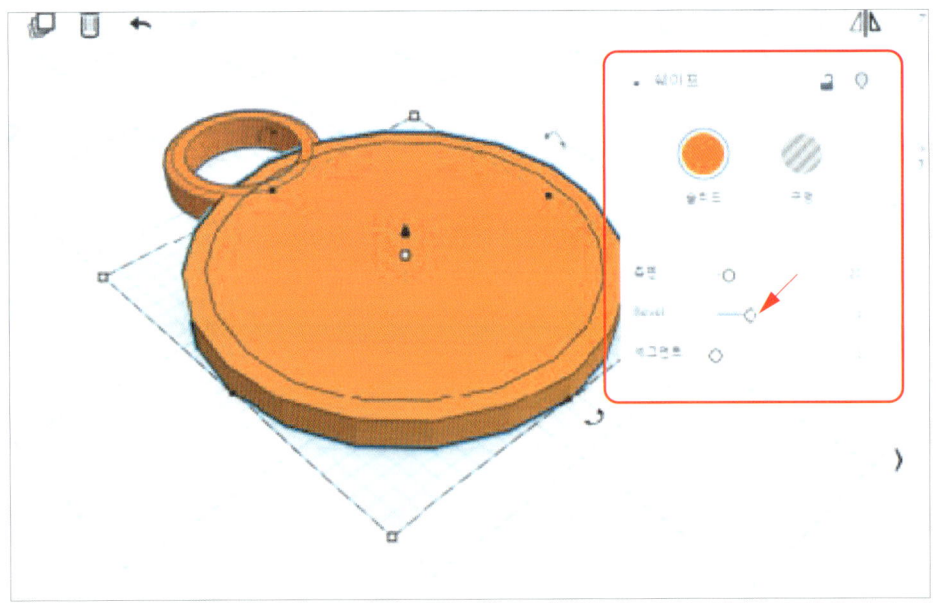

각 요소의 바를 움직이거나 수치를 입력하여 도형의 테두리를 변형할 수 있습니다.

TINKERCAD DESIGN For 3D PRINTING　　　　　　　　　　　　　　　　SECTION 02

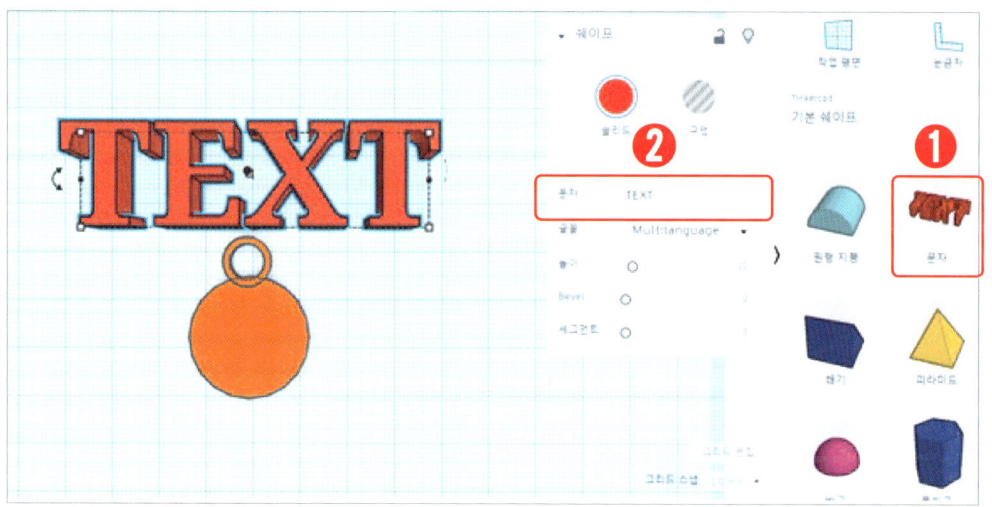

기본 쉐이프에서 ❶ **문자**를 가져온 후 ❷ **쉐이프 메뉴**를 열어 문자칸에 이름을 입력합니다.

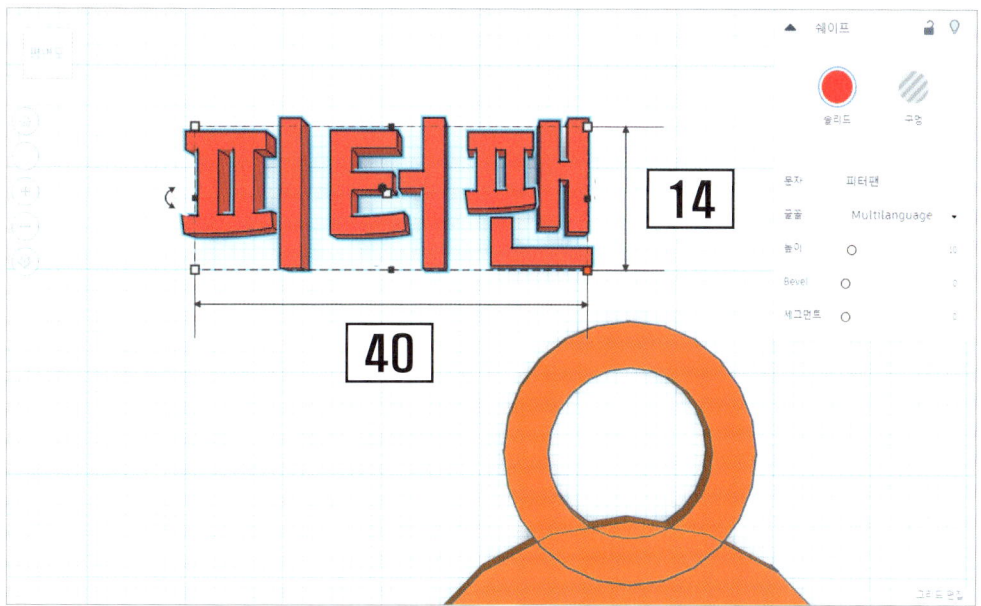

다시 작업 평면의 문자도형을 클릭하여 문자의 사이즈를 조절합니다.
예 가로 40, 세로 14, 높이 3

뷰박스에서 평면도를 선택합니다.

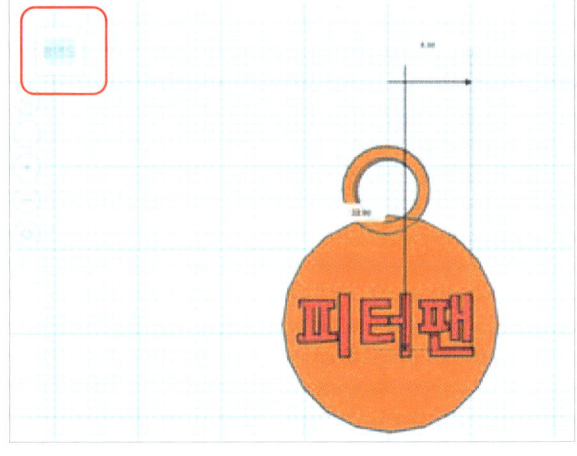
도형의 위치를 조정하여 팬던트를 완성합니다.

쉐이프 **구멍**을 이용하여 음각 팬던트 만들기

문자도형을 선택한 후 쉐이프 메뉴에서 구멍을 클릭합니다.

TINKERCAD DESIGN For 3D PRINTING

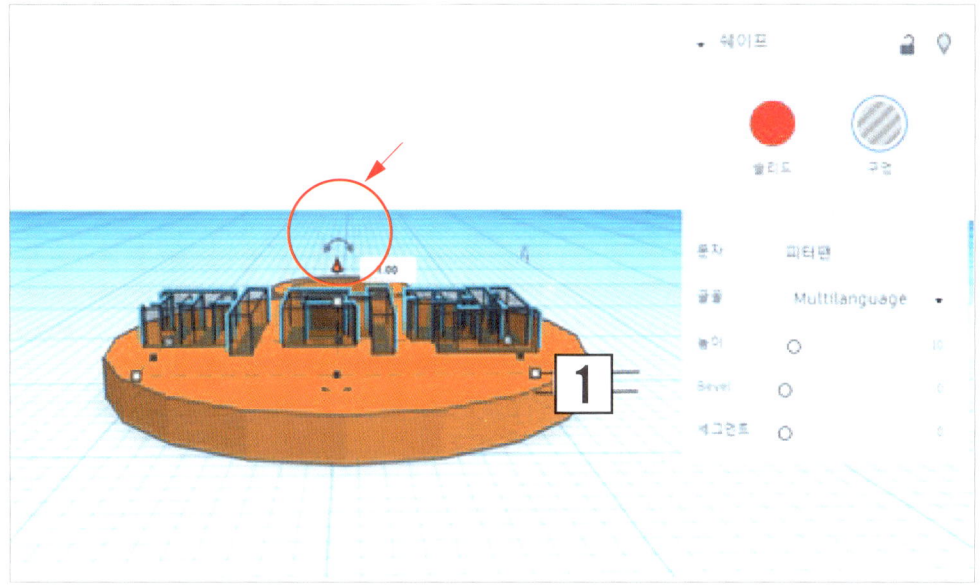

구멍문자를 클릭한 후 위로 "1" 만큼 올려줍니다.
(Crtl + ↑ 를 한번 클릭하면 "1" 만큼 올라갑니다.)

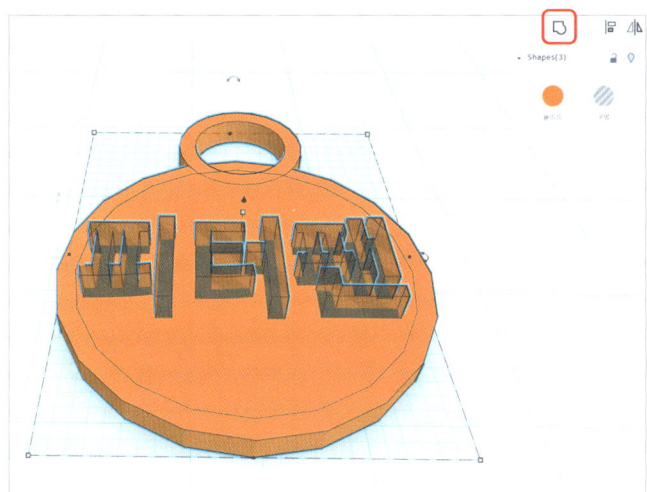

본체와 글씨를 모두 선택한 후 그룹 버튼을 클릭하여 도형을 그룹화합니다.

완성

SECTION 03
손글씨 도장

● **기본 도형을 활용한 손글씨 느낌의 도장 만들기**

Scribble을 사용하여 도장으로 만들 나만의 손글씨를 표현합니다.
도장의 특징을 알고 마지막에 글씨를 반전(좌우 반전) 합니다.

TINKERCAD DESIGN For 3D PRINTING

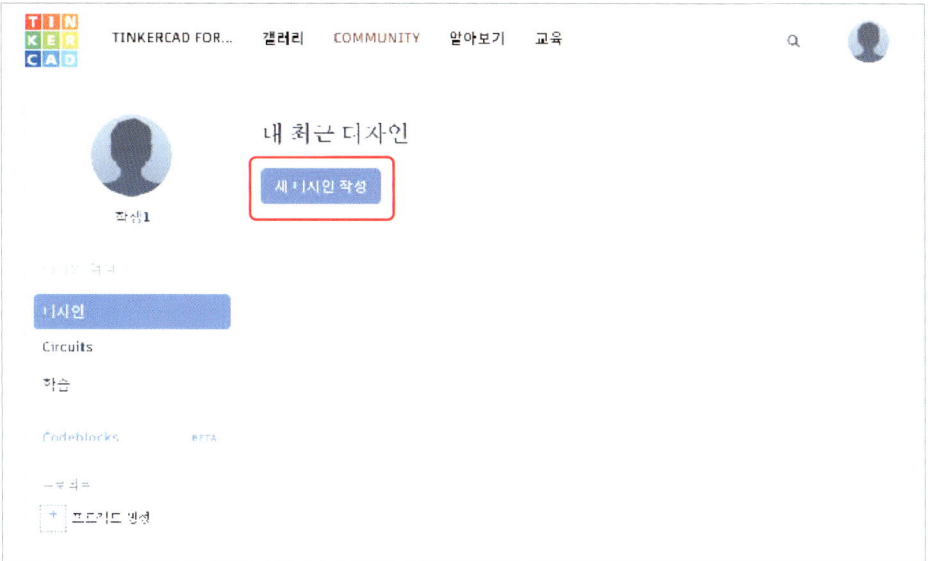

구글크롬 에서 틴커캐드 웹사이트(www.tinkercad.com)에 접속합니다.
로그인 후 대시보드의 새 디자인 작성 을 클릭합니다.

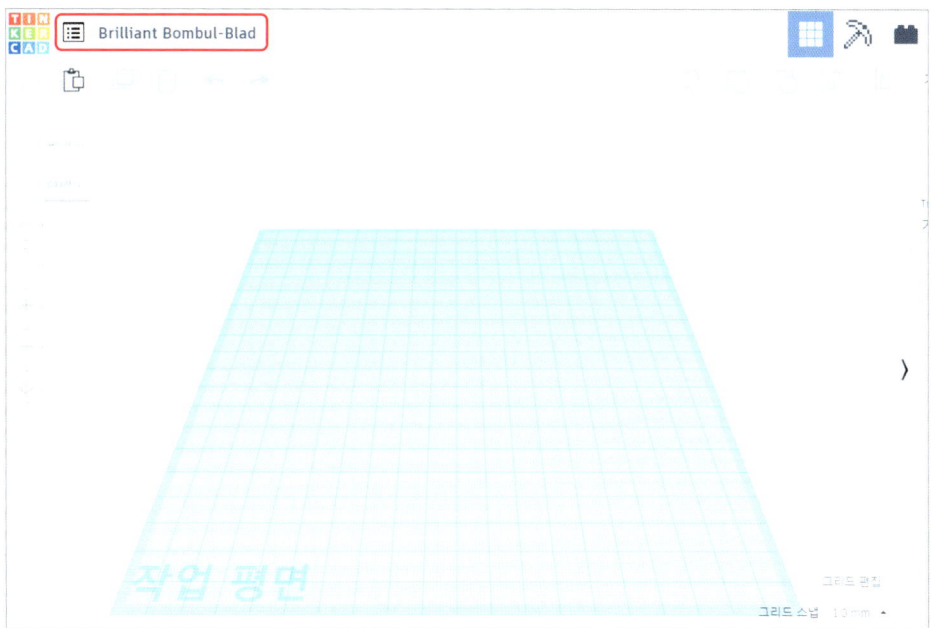

틴커캐드는 저장 버튼이 따로 없으며 웹에서 작업하고 모델링 작업파일 역시 인터넷 저장 공간에 자동으로 저장됩니다. 임의로 주어진 영어이름을 클릭하면 파일명을 수정할 수 있습니다.

TINKERCAD DESIGN For 3D PRINTING

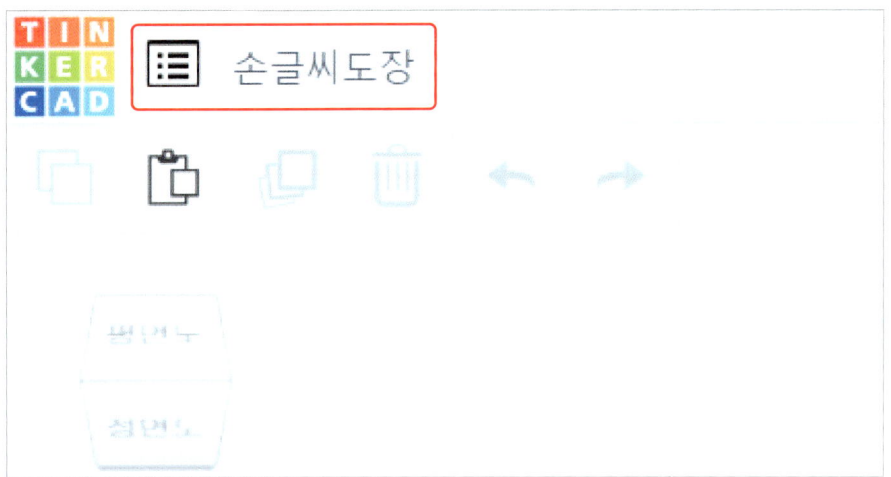

파일명을 "**손글씨 도장**"으로 수정하고 엔터키 또는 화면의 빈 공간 아무 곳이나 클릭합니다.

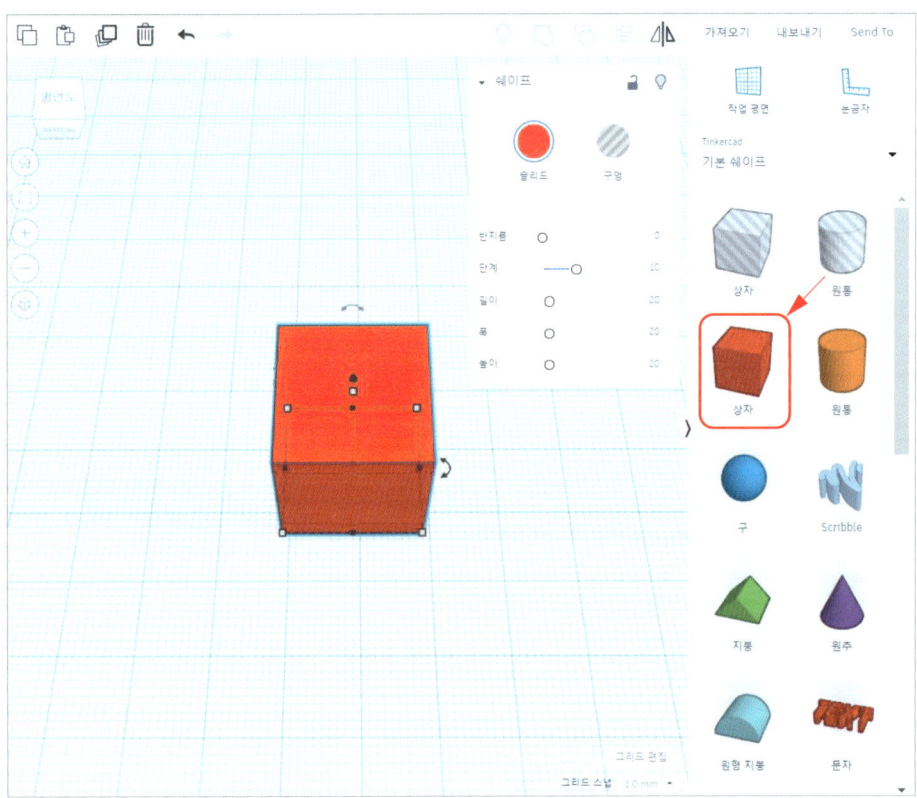

기본 쉐이프에서 상자를 선택하여 작업 평면에 놓습니다.

TINKERCAD DESIGN For 3D PRINTING

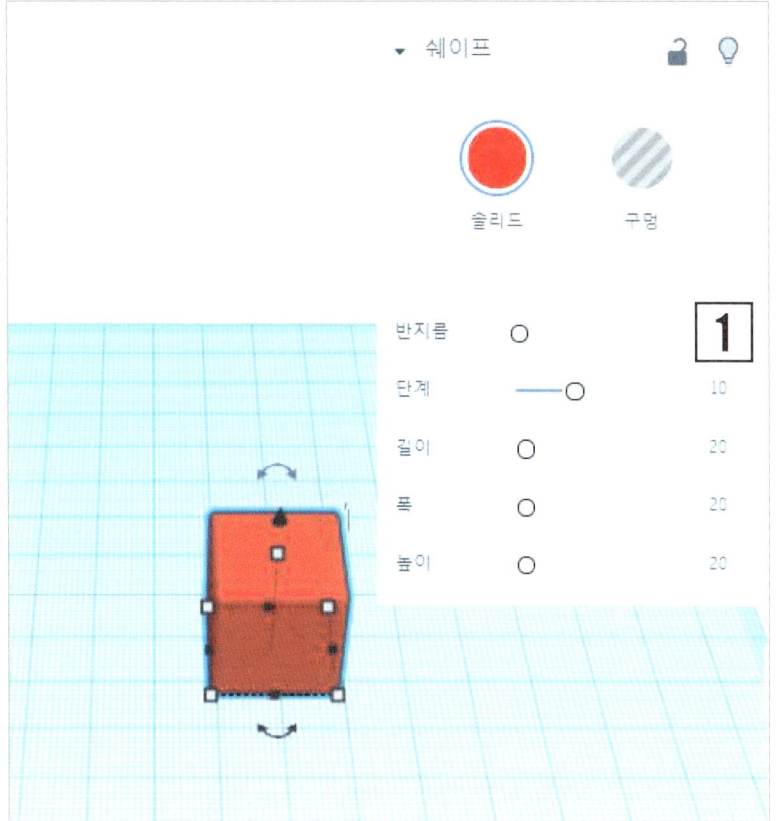

상자의 모서리를 둥글게 하기 위하여 반지름 항목을 1로 수정합니다.

TINKERCAD DESIGN For 3D PRINTING

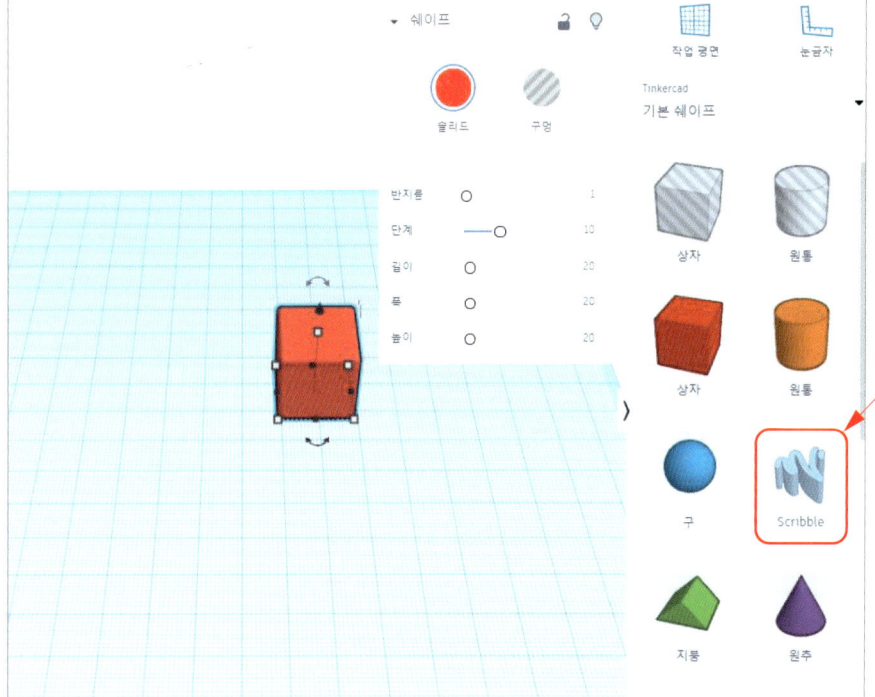

기본 쉐이프에서 Scribble을 작업 평면에 가져옵니다.

Scribble을 작업 평면에 놓는 순간 새로운 그림판 화면이 나타납니다.
이 공간에서 자신만의 글씨나 그림을 그려봅니다.

TINKERCAD DESIGN For 3D PRINTING   SECTION 03

04

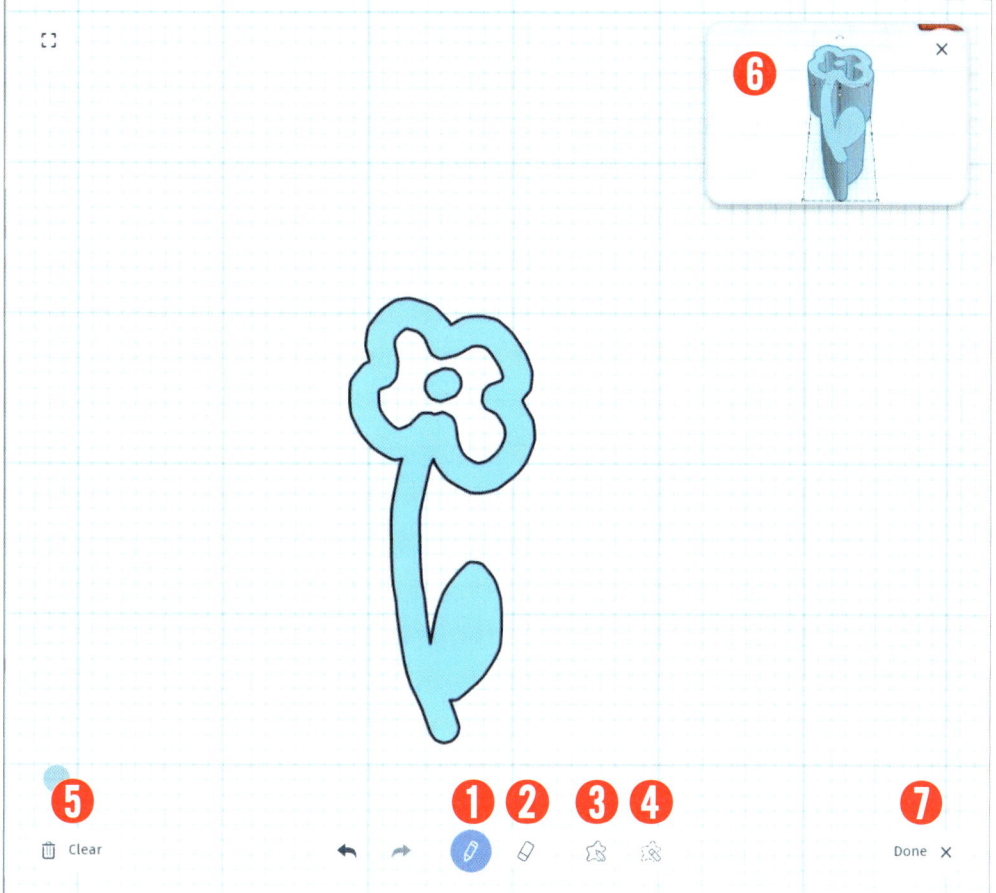

❶ 선 그리기
❷ 선 지우기
❸ 면 그리기
❹ 면 지우기
❺ 전체 지우기
❻ 모델링 작업 평면에서 적용되는 모양을 미리보기
❼ Scribble 작업을 마친 후 Done 버튼을 누르면 모델링 작업 평면으로 돌아갑니다.

TINKERCAD DESIGN For 3D PRINTING

05

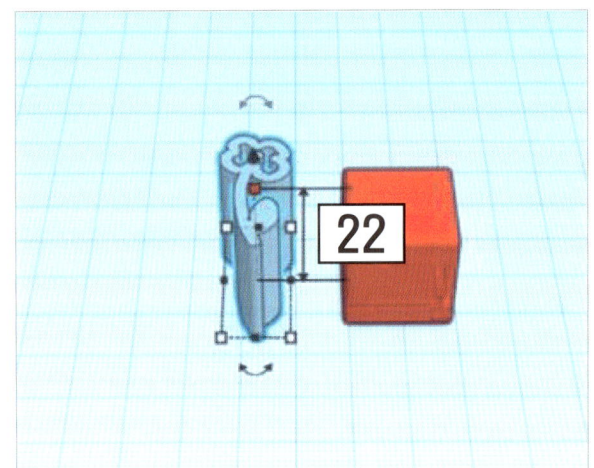

손그림의 높이를 22, 가로 18, 세로 18 이하로 맞춥니다.

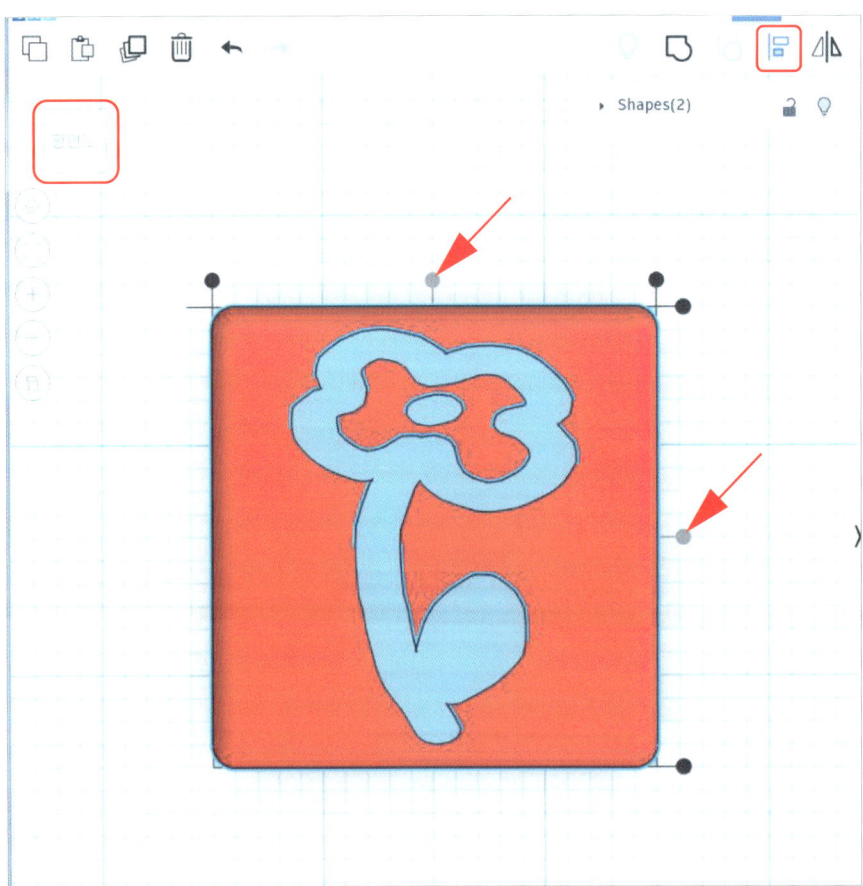

평면도 보기에서 두 도형을 가운데 정렬합니다.

TINKERCAD DESIGN For 3D PRINTING SECTION 03

손그림을 수정하고 싶을 땐 작업 평면에서 손그림을 '더블 클릭' 합니다. 다시 Scribble화면이 나타납니다.

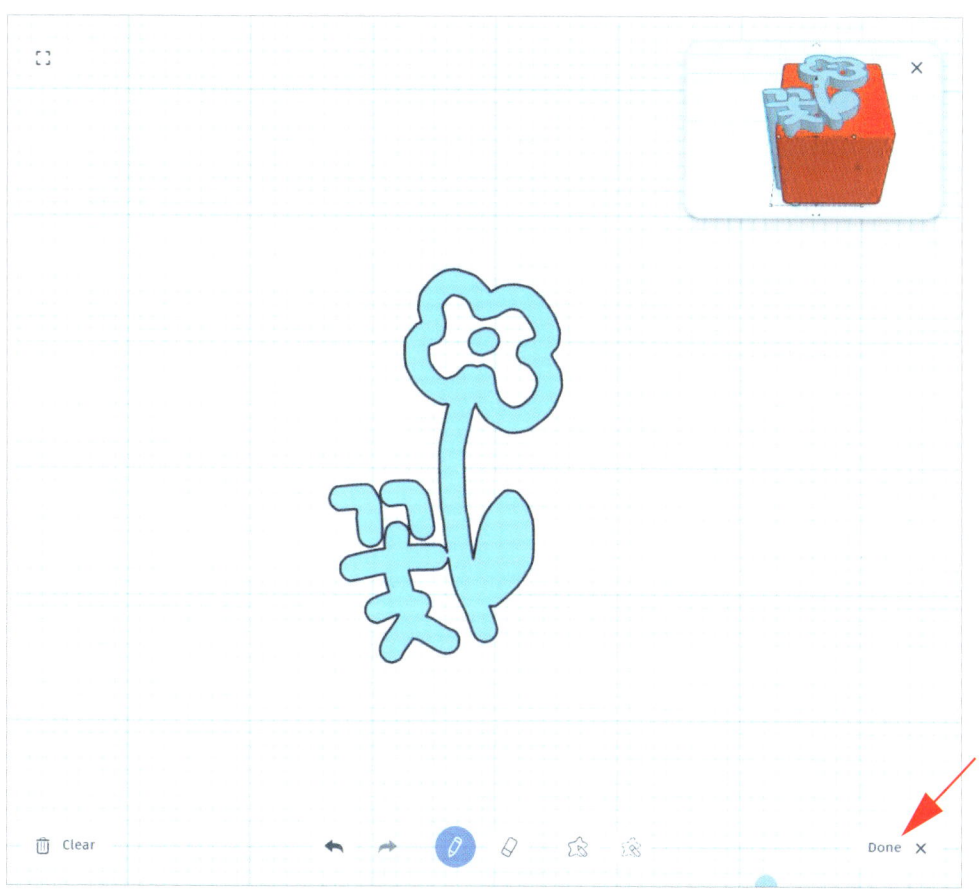

그림을 수정하고 Done 버튼을 누릅니다.

TINKERCAD DESIGN For 3D PRINTING

06

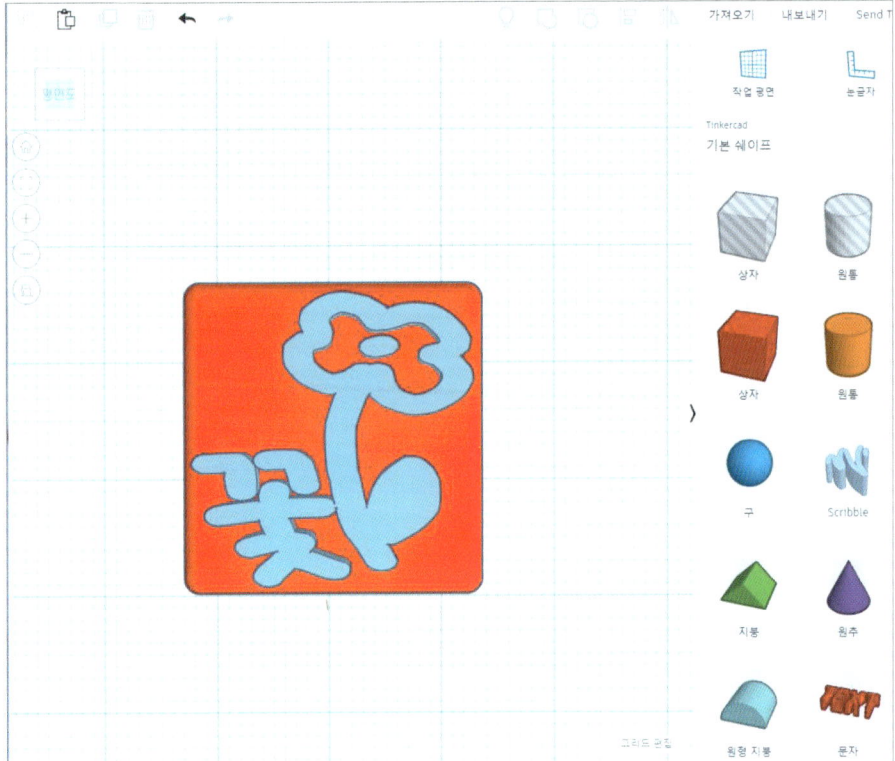

작업 평면에서 사이즈를 조절하고 가운데 정렬합니다.

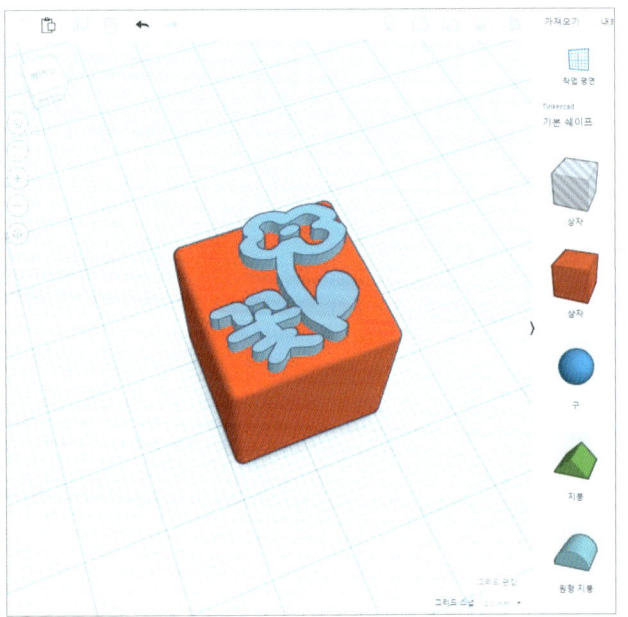

뷰상자를 돌려보면서 모델링이 잘 됐는지 확인합니다.

TINKERCAD DESIGN For 3D PRINTING

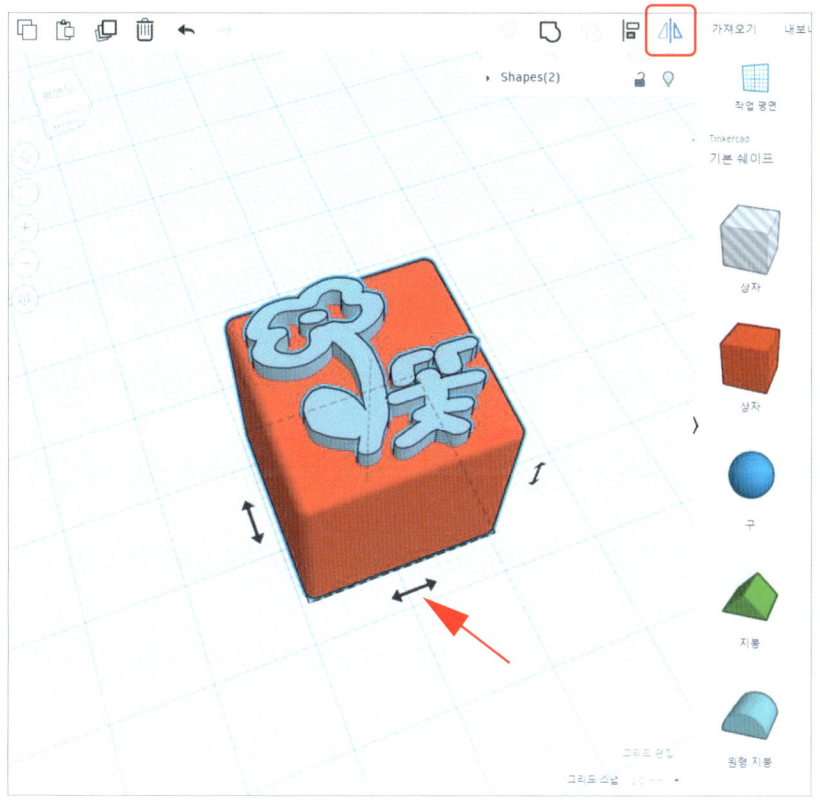

전체를 선택합니다. 반전 버튼을 눌러 좌우 반전 시킵니다.

도장이 잘 찍히지 않을 땐 손그림 면을 사포로 살짝 갈아주면 됩니다.

여러 가지 도장 예시

SECTION 04
마야 피라미드

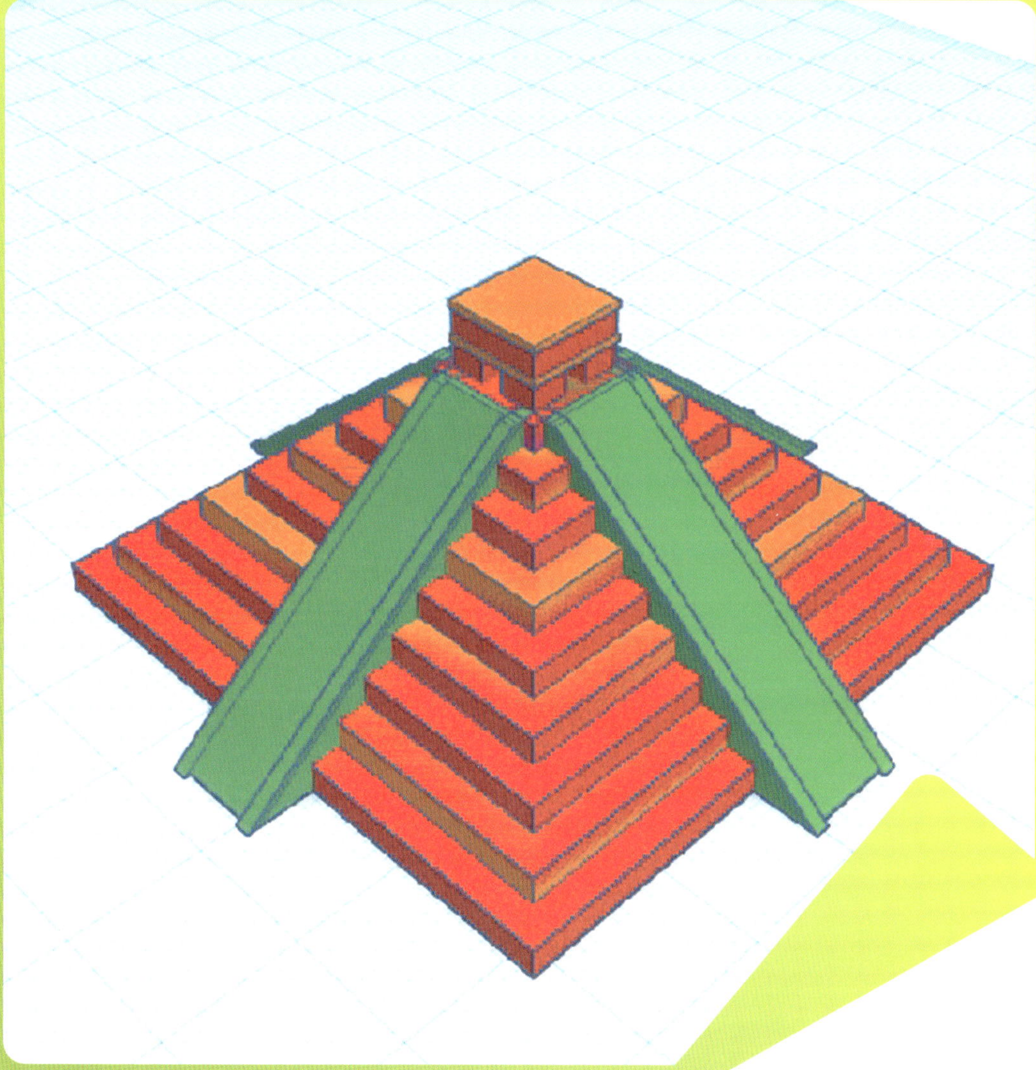

TINKERCAD DESIGN For 3D PRINTING

● **미니어처 모형 만들기**

도형을 그룹화, 정렬하고 반전하는 방법을 알아보고 원하는 모양을 만들어 봅시다.
실제 피라미드의 형태를 보고 디자인하여 모형을 완성합니다.

01

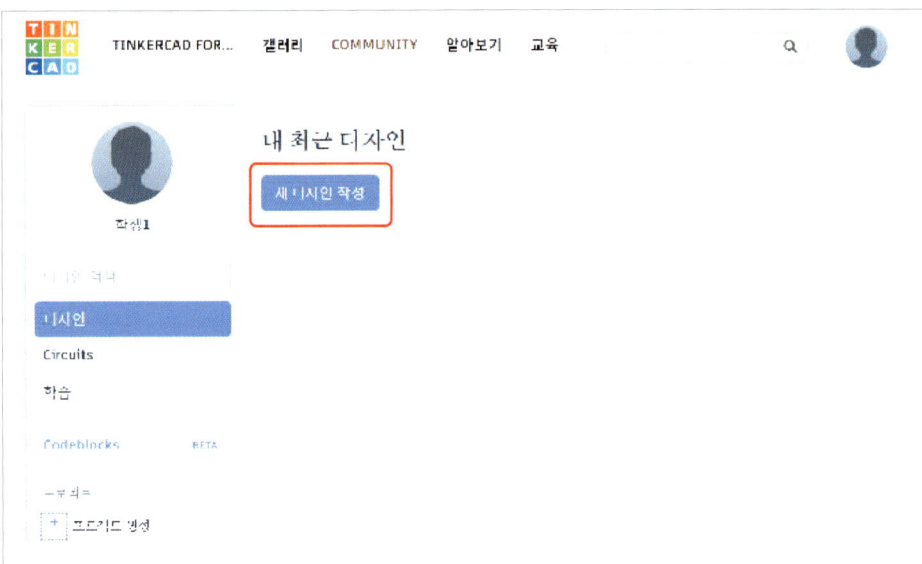

구글크롬 에서 틴커캐드 웹사이트(www.tinkercad.com)에 접속합니다.
로그인 후 대시보드의 새 디자인 작성 을 클릭합니다.

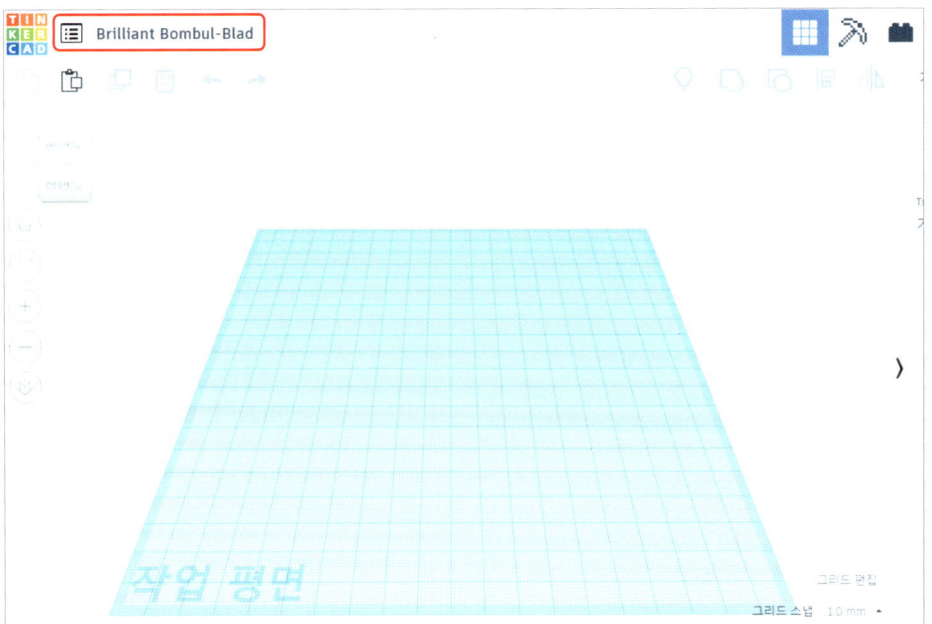

틴커캐드는 저장 버튼이 따로 없으며 웹에서 작업하고 모델링 작업파일 역시 인터넷 저장 공간에 자동으로 저장됩니다. 임의로 주어진 영어이름을 클릭하면 파일명을 수정할 수 있습니다.

TINKERCAD DESIGN For 3D PRINTING

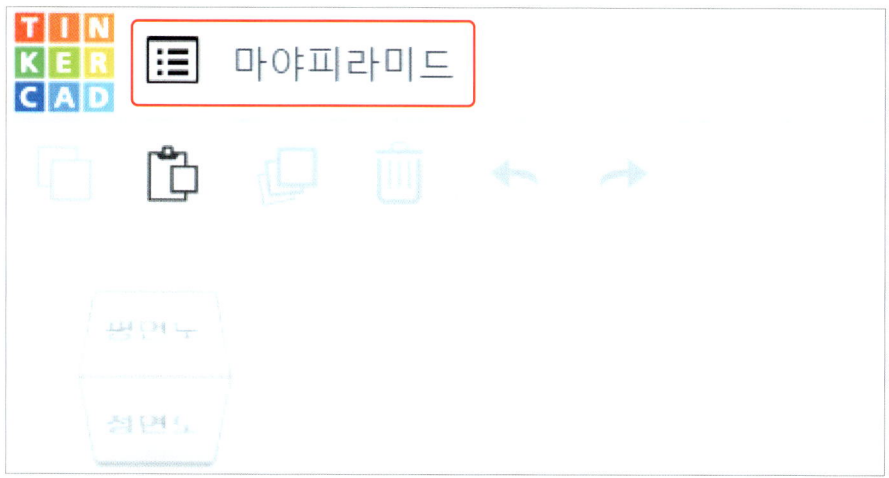

파일명을 "**마야 피라미드**"로 수정하고 엔터키 또는 화면의 빈 공간 아무 곳이나 클릭합니다.

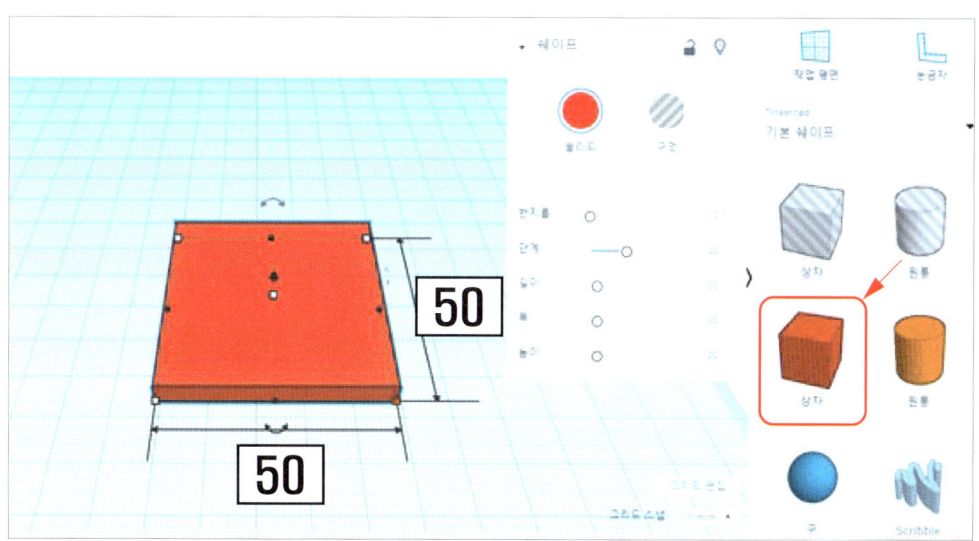

기본 쉐이프에서 상자를 선택하여 치수를 조정합니다.
예 가로 50, 세로 50, 높이 5

TINKERCAD DESIGN For 3D PRINTING

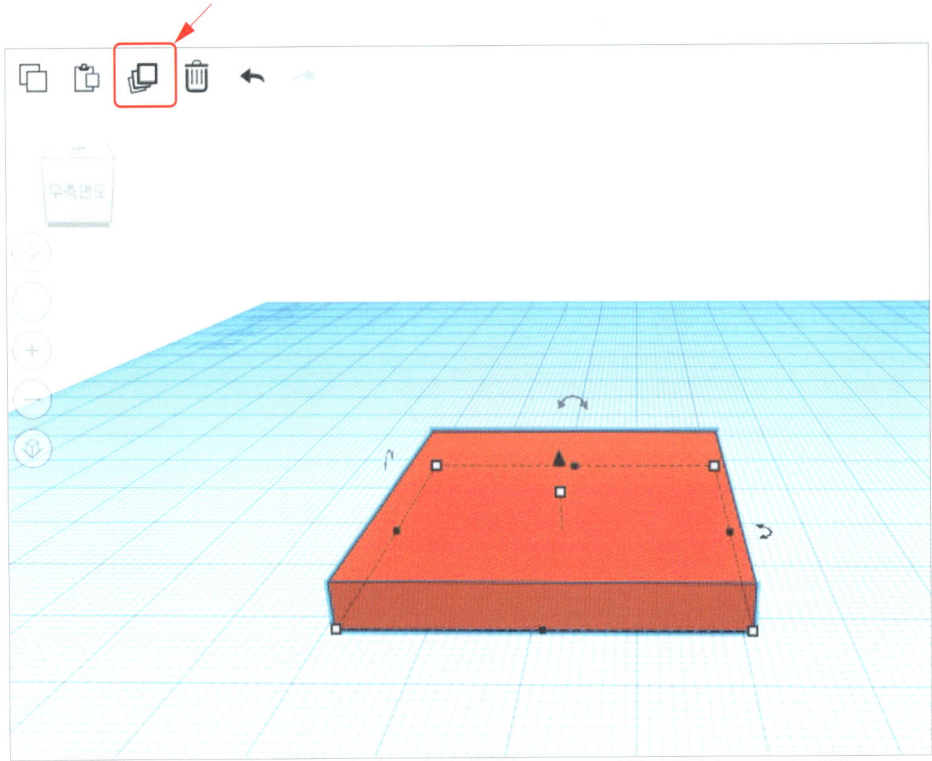

복제하기를 클릭하면 도형이 겹쳐져서 복제가 됩니다.

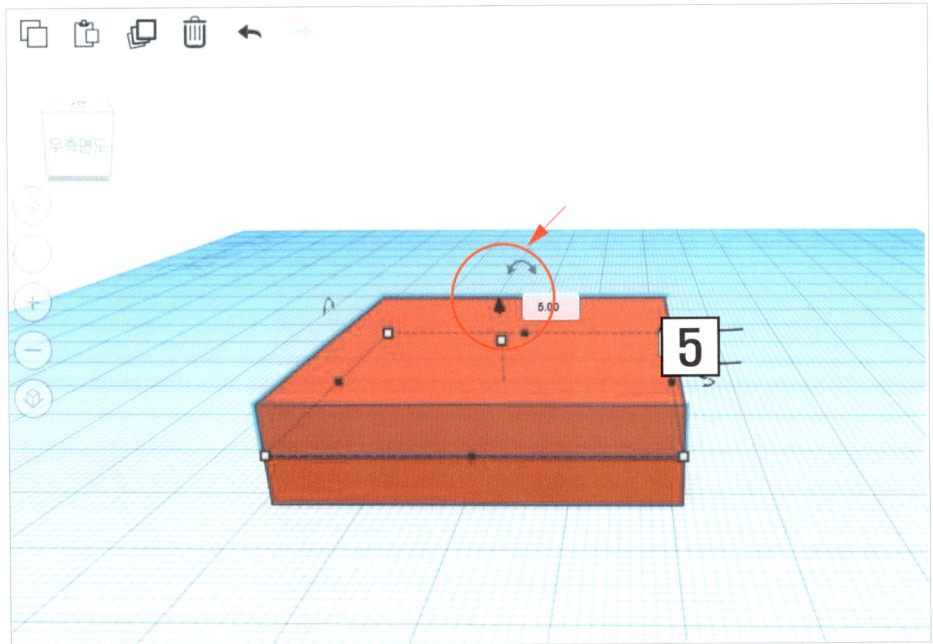

복제된 상자를 위로 "5" 만큼 올려줍니다.

TINKERCAD DESIGN For 3D PRINTING

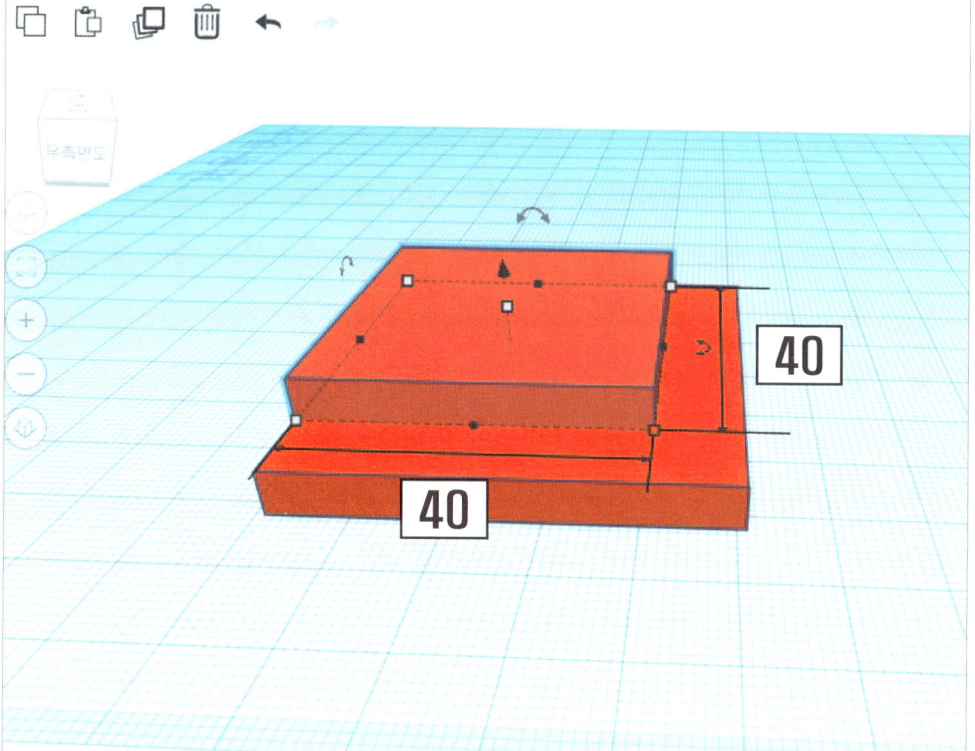

위로 올려준 상자의 사이즈를 조절해줍니다.
예 가로 40, 세로 40, 높이 5

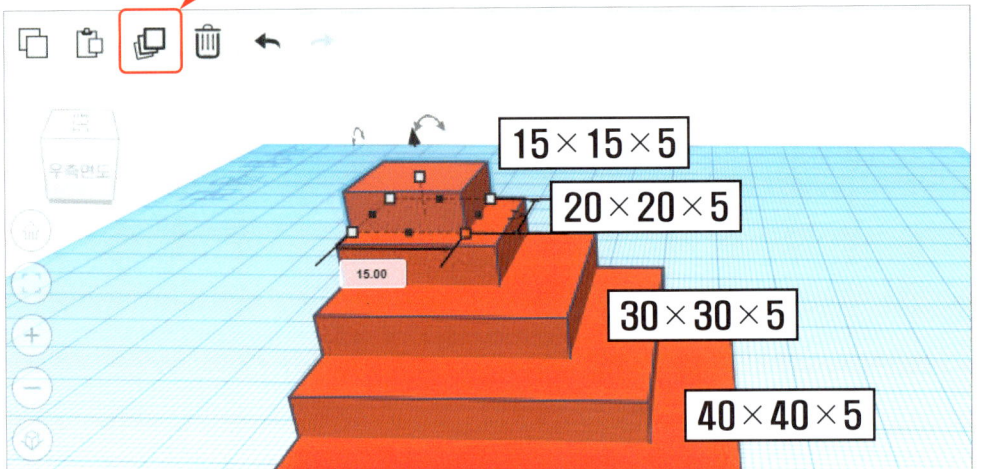

상자 복제하기를 반복하여 그림과 같이 피라미드 모양을 만듭니다.

예 가로 50, 세로 50, 높이 5
　　가로 40, 세로 40, 높이 5
　　가로 30, 세로 30, 높이 5
　　가로 20, 세로 20, 높이 5
　　가로 15, 세로 15, 높이 5

TINKERCAD DESIGN For 3D PRINTING

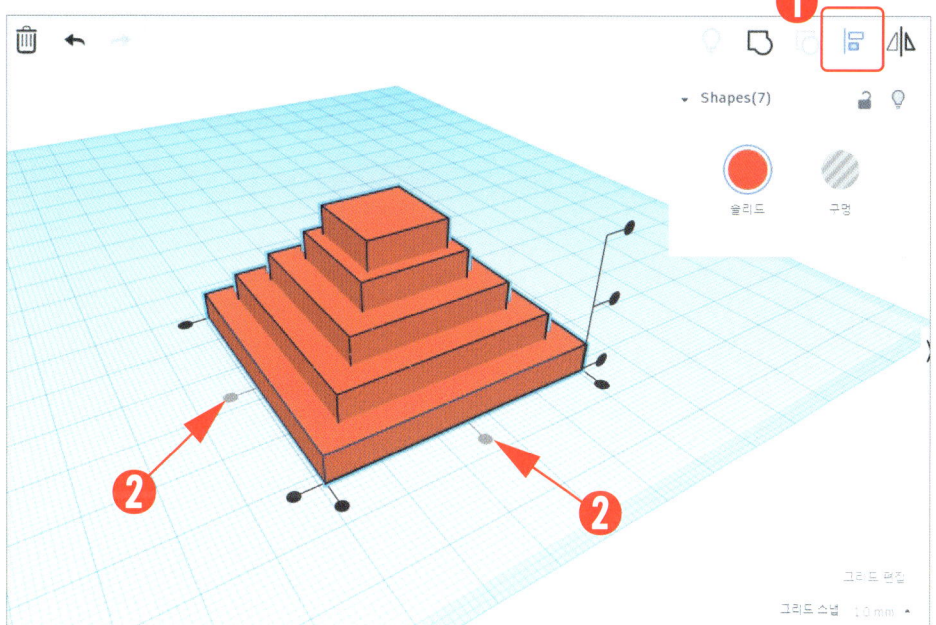

모든 도형을 선택하여 정렬 버튼을 ❶ 클릭한 후 검은색 원 ❷를 클릭하여 가운데로 정렬해 줍니다.

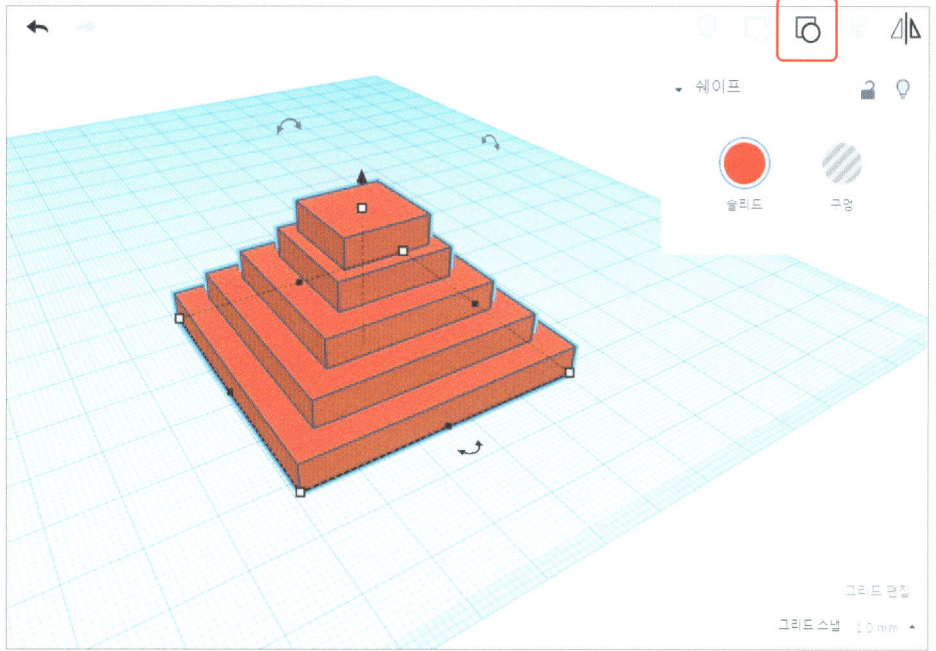

모든 도형을 선택한 후 그룹 버튼을 클릭하여 그룹화시켜 줍니다.

TINKERCAD DESIGN For 3D PRINTING SECTION 04

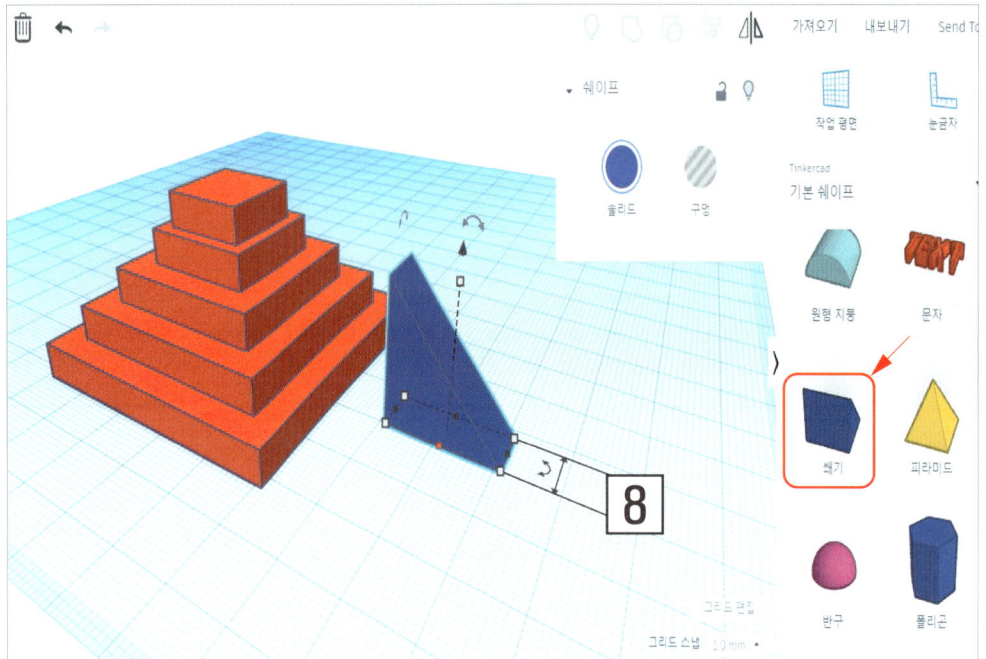

기본 쉐이프에서 쐐기를 가져온 후 크기를 조절합니다.
예 가로 20, 폭 8, 높이 20

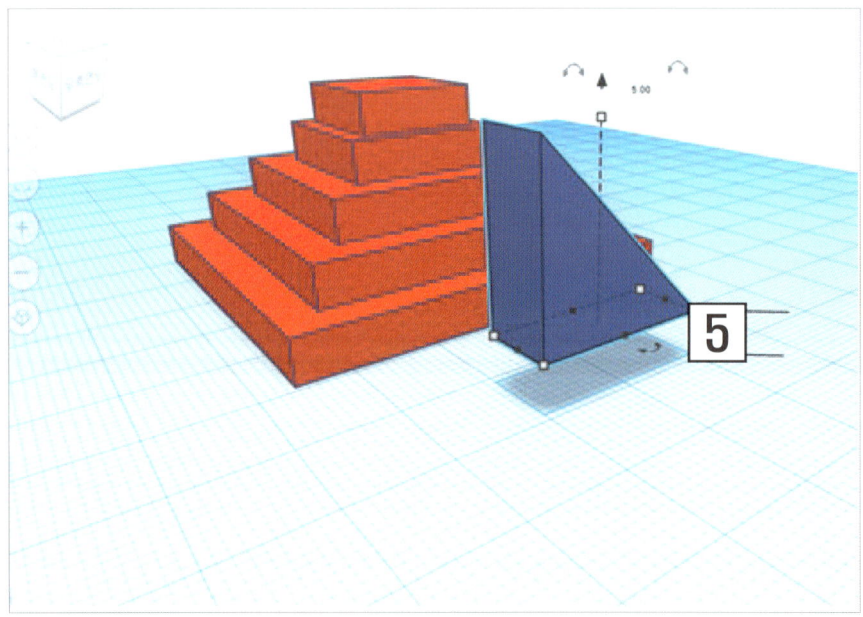

쐐기 모양을 바닥에서 위로 "5"만큼 올립니다.

TINKERCAD DESIGN For 3D PRINTING

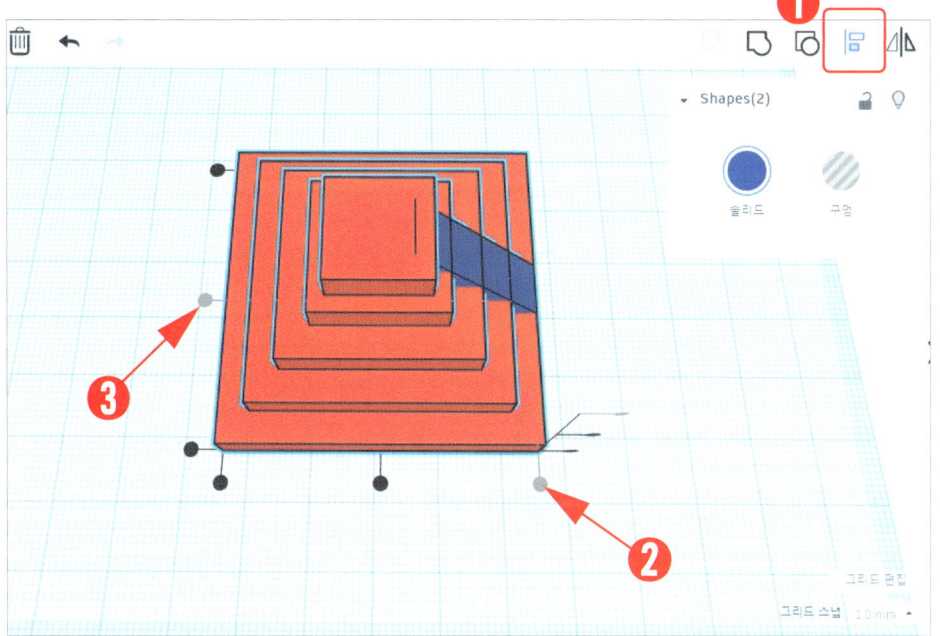

쐐기 모양을 피라미드 도형으로 이동한 후 정렬 아이콘 ❶을 선택하고, 검은색 원 ❷, ❸을 각각 클릭하여 정렬합니다.

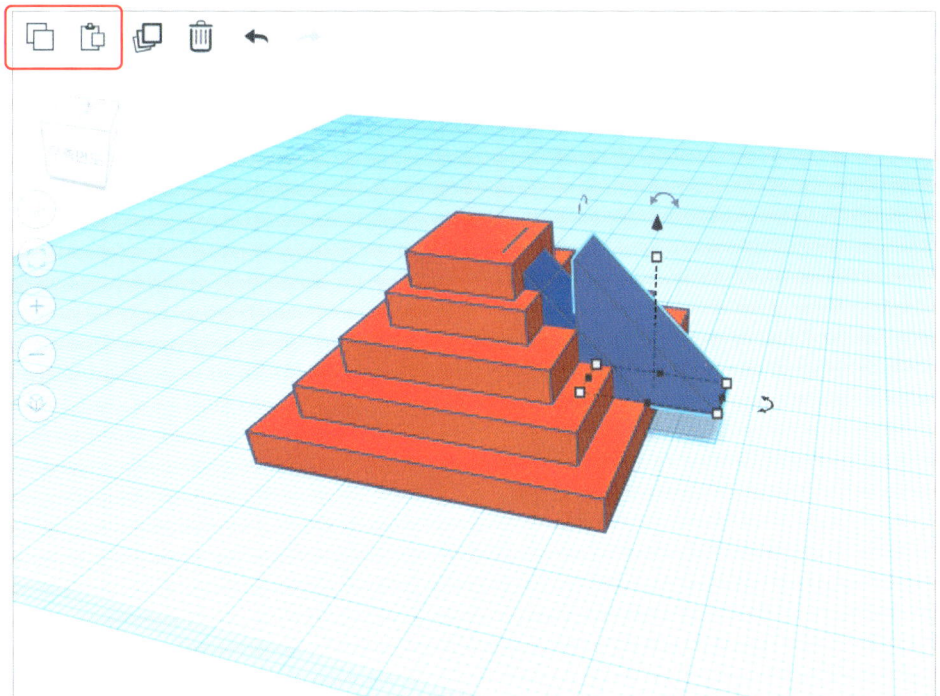

복사하기+붙여넣기를 사용하여 쐐기 모양을 하나 복사합니다.

TINKERCAD DESIGN For 3D PRINTING   SECTION 04

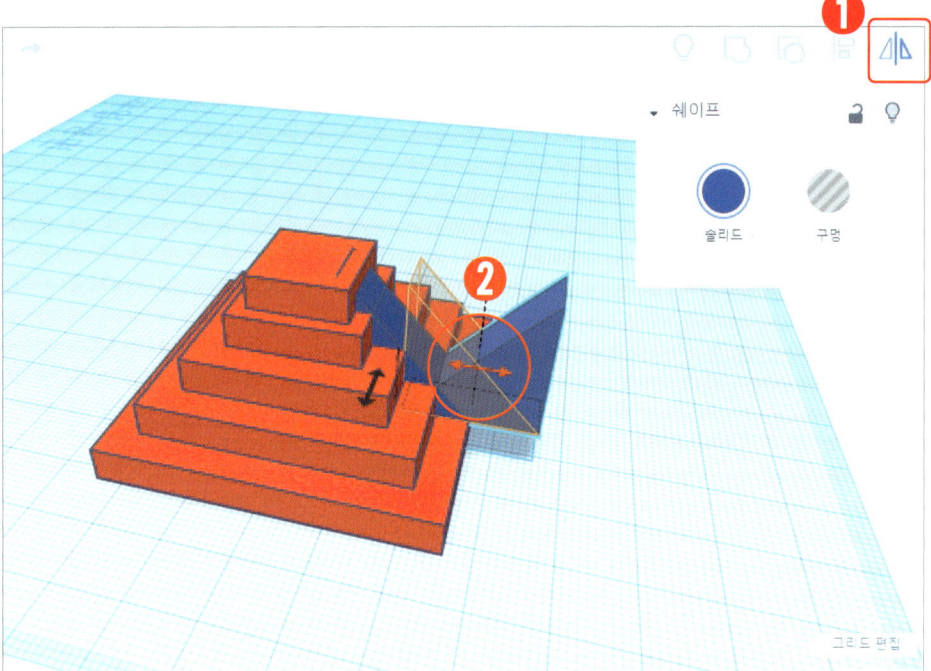

복사된 계단 모양을 ❶ 반전 버튼을 클릭 후 ❷ 좌우 반전 화살표를 누릅니다.

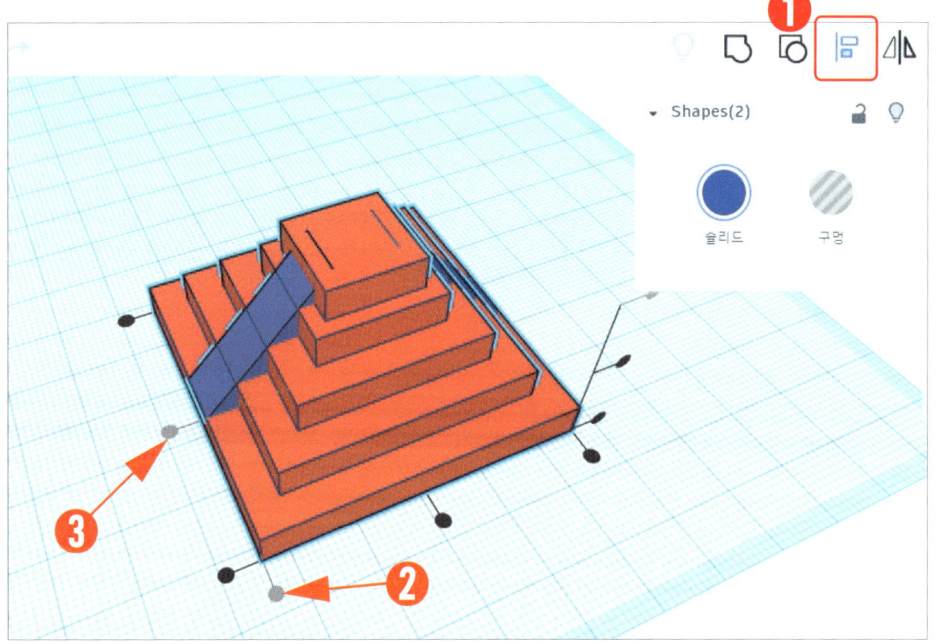

반전된 계단과 피라미드를 함께 선택하고 (Shift+계단 클릭+피라미드 클릭)
정렬 아이콘 ❶으로 검은색 원 ❷, ❸을 각각 클릭하여 정렬합니다.

 TINKERCAD DESIGN For 3D PRINTING

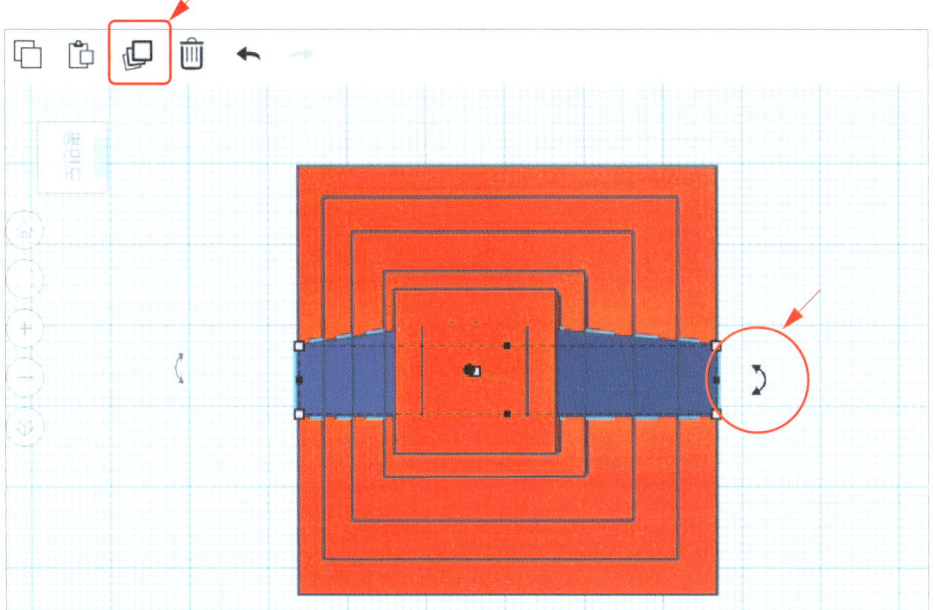

파란색 계단 부분인 도형을 같이 선택하여(Shift+계단 클릭) 복제 버튼을 클릭합니다.
(복제 버튼을 클릭하면 도형이 겹쳐진 상태로 복제가 되어집니다.)
복제된 계단을 회전 화살표를 이용해 회전시켜야 합니다.

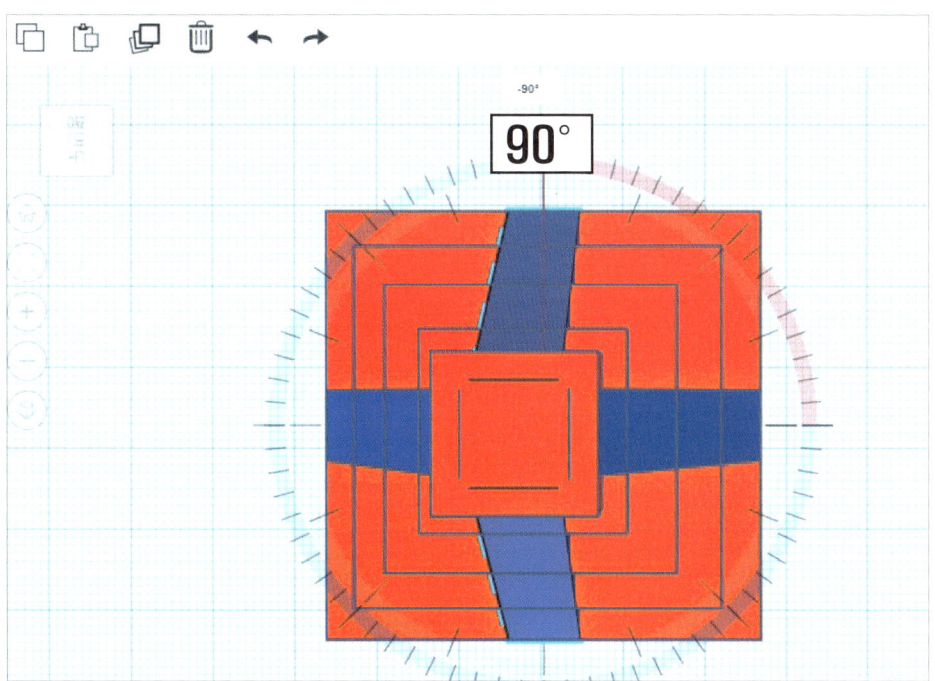

회전 화살표를 이용하여 90° 회전시킵니다.

TINKERCAD DESIGN For 3D PRINTING SECTION 04

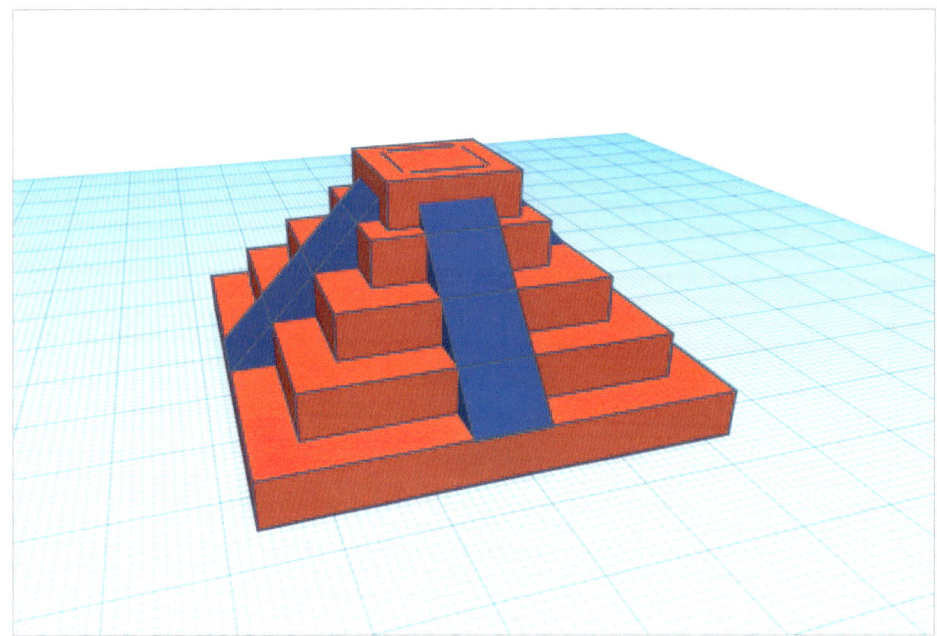

마야 피라미드 완성

TINKERCAD DESIGN For 3D PRINTING

도|전|과|제

- 자료를 참고하여 피라미드를 더욱 정교하게 디자인해 보세요.

▲ 카스티요

멕시코 남부. 마야문명의 쿠쿨칸 신전으로 밑면은 55.3m, 높이는 30m이다. 카스티요는 '성(城)'의 뜻. 멕시코 남부 마야의 유적 치첸 이차 중에서 특히 아름다운 피라미드 형상의 신전으로서 쿠쿨르칸을 모심. 10~12세기 건축으로 추정됨.
높이 24m, 저변은 한변이 60m, 외벽은 9단이고 4면 중앙에 각각 91단의 계단. 신전 내부에서는 시대가 오래된 피라미드가 발견되었고, 거기에서 차크 몰의 조상, 붉게 칠해진 재규어의 모습을 한 의자, 그 위에 놓인 터키옥으로 모자이크 장식한 원반, 조각이 시공된 비취 등이 발견됨.

출처 : [네이버 지식백과] 카스티요 [Castillo]

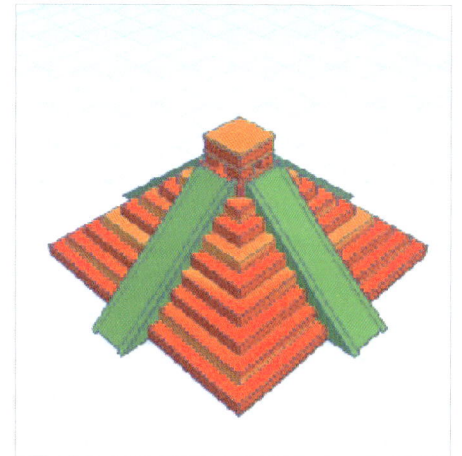

SECTION 05 모양자

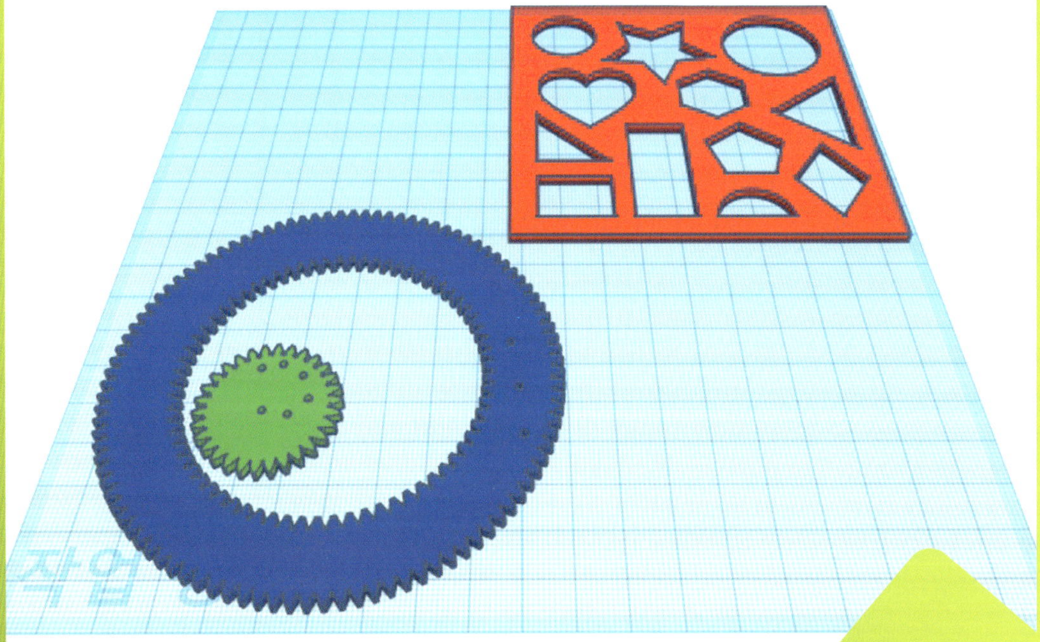

TINKERCAD DESIGN For 3D PRINTING

내가 원하는 도형으로 구성된 모양자

기본 도형과 구멍내기를 활용하여 모양자를 만들고 출력하여 그림을 그려봅니다.
톱니 모양의 자(스파이로그래프 Spirograph)를 만들어 여러 가지 무늬를 그려봅시다.

TINKERCAD DESIGN For 3D PRINTING SECTION 05

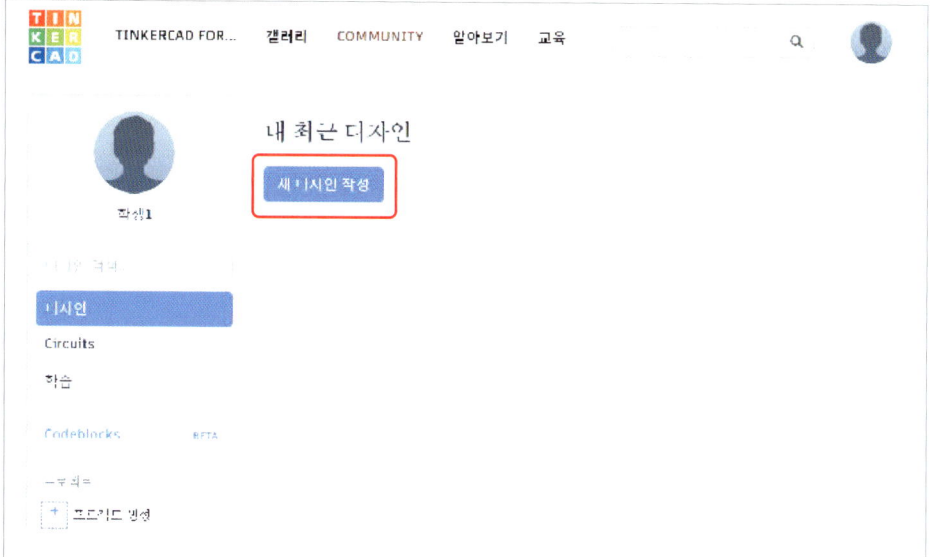

구글크롬 에서 틴커캐드 웹사이트(www.tinkercad.com)에 접속합니다.
로그인 후 대시보드의 [새 디자인 작성] 을 클릭합니다.

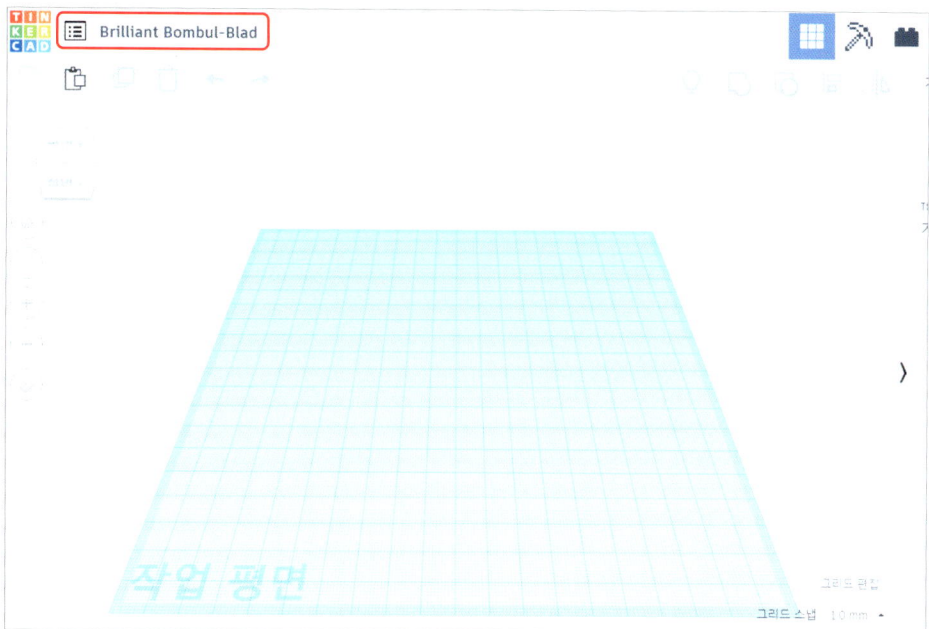

틴커캐드는 저장 버튼이 따로 없으며 웹에서 작업하고 모델링 작업파일 역시 인터넷 저장 공간에 자동으로 저장됩니다. 임의로 주어진 영어이름을 클릭하면 파일명을 수정할 수 있습니다.

파일명을 "**모양자**"로 수정하고 엔터키 또는 화면의 빈 공간 아무 곳이나 클릭합니다.

02

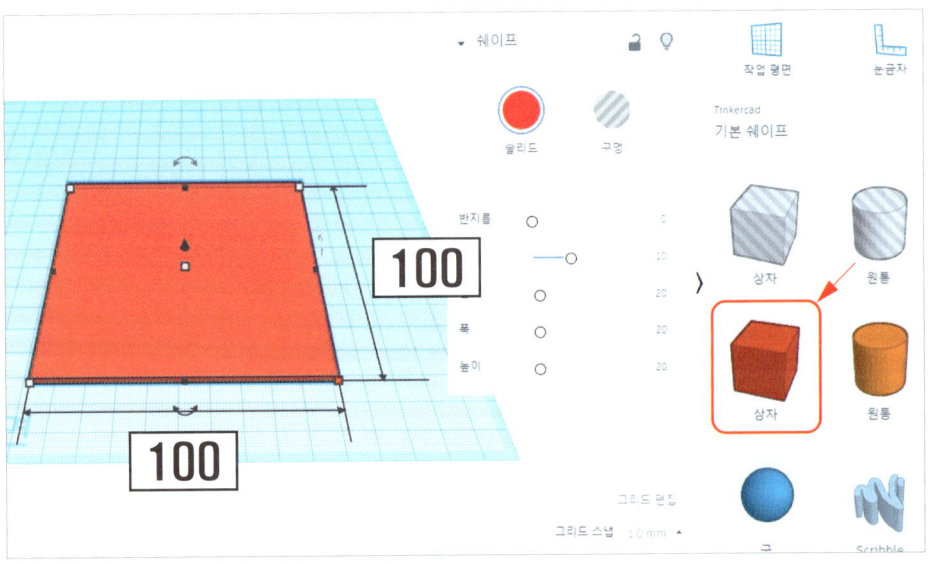

기본 쉐이프에서 상자를 선택하여 작업 평면에 놓고 밑판을 만듭니다.
 가로 100, 세로 100, 높이 2

TINKERCAD DESIGN For 3D PRINTING

03

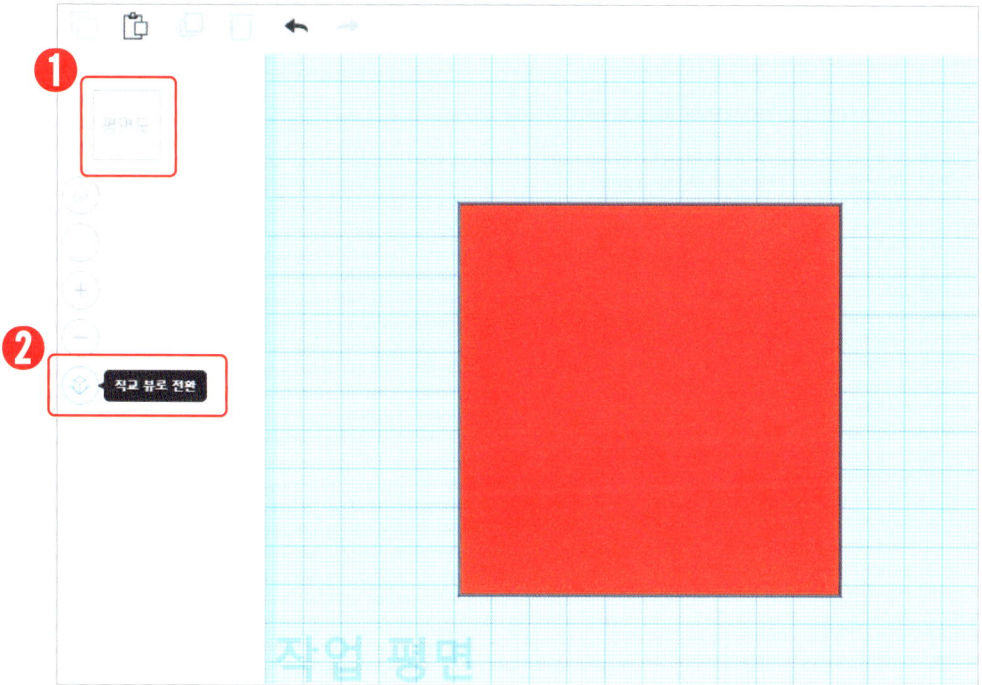

작업 평면을 ❶ 평면도 보기로 하고 투시뷰에서 ❷ 직교뷰로 전환하여 사용하면 도형을 배치하기가 편합니다.

기본 쉐이프에서 넣고 싶은 도형을 자유롭게 밑판에 배치합니다.

TINKERCAD DESIGN For 3D PRINTING   SECTION 05

모양으로 삽입된 도형들의 형태를 모두 '구멍' 형태로 바꿉니다.

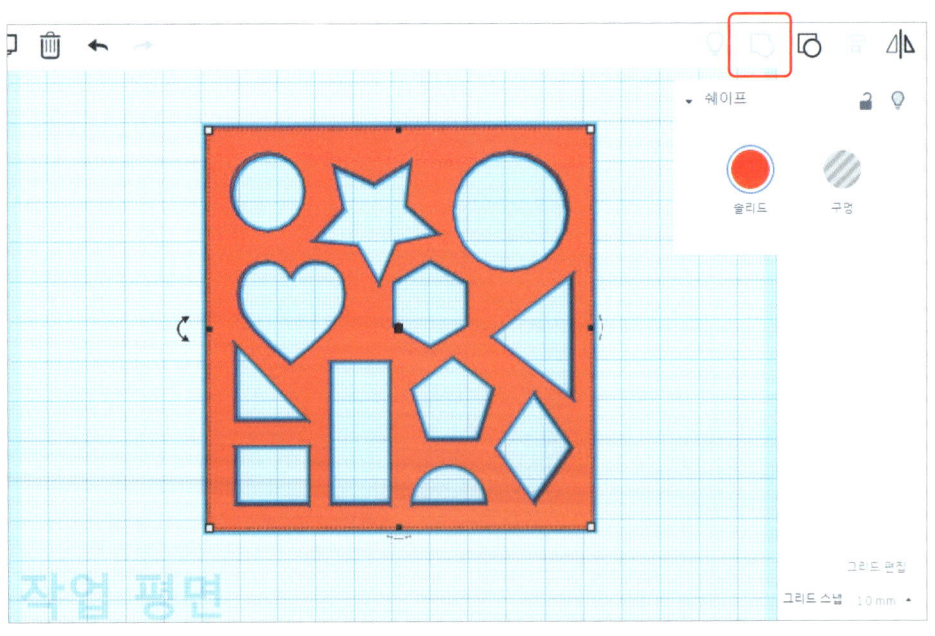

04

모형을 모두 선택한 후 그룹 버튼을 클릭하여 도형을 그룹화시켜 줍니다.

 ▶ ● 전체선택 단축키 [Crtl]+[A]   ● 그룹화 단축키 [Crtl]+[G]

TINKERCAD DESIGN For 3D PRINTING

SECTION 05

나만의 모양자를 꾸며봅시다.

도|전|과|제

- 쉐이프 메뉴의 'Shape Generators'의 'All'을 클릭합니다.

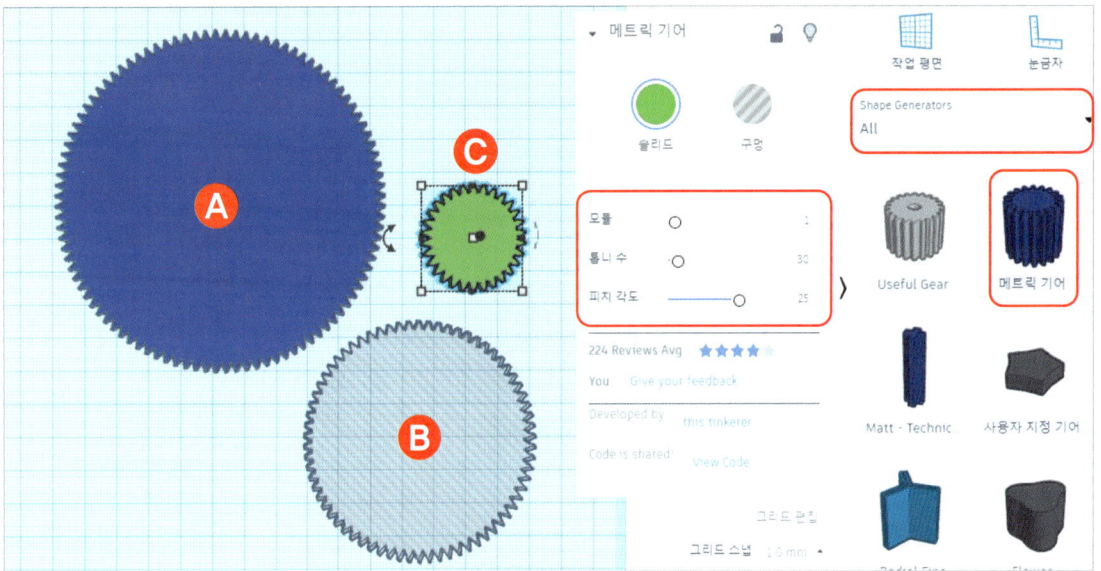

쉐이프 메뉴의 'Shape Generators'의 'All'을 클릭합니다.
나타나는 도형 중에 'Metric gear(메트릭기어)'를 선택하여 다음과 같이 톱니 모양을 3개 만듭니다.
Ⓐ 메트릭기어(모듈 1, 톱니수 100, 피치각도 25, 높이 2)
Ⓑ 메트릭기어(모듈 1, 톱니수 70, 피치각도 25, 높이 2)
Ⓒ 메트릭기어(모듈 1, 톱니수 30, 피치각도 25, 높이 2)

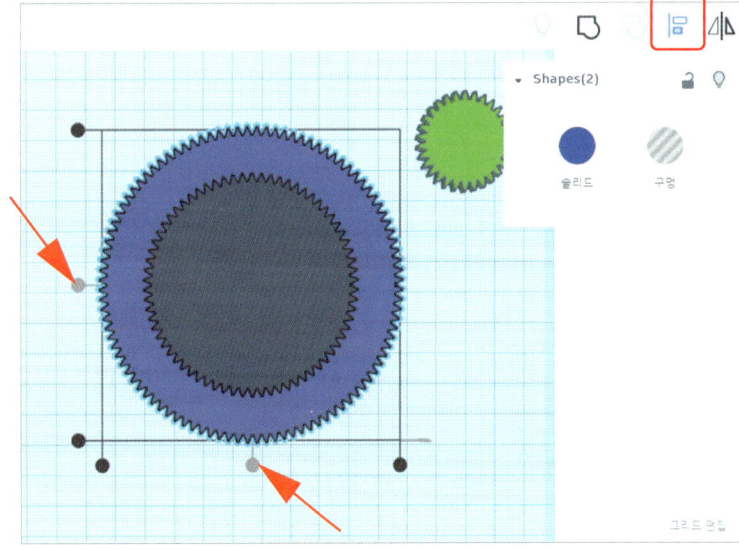

도형 모두를 Ⓐ, Ⓑ를 선택하여 정렬 버튼을 클릭한 후 검은색 원을 클릭하여 도형을 가운데로 정렬해 줍니다.

TINKERCAD DESIGN For 3D PRINTING SECTION 05

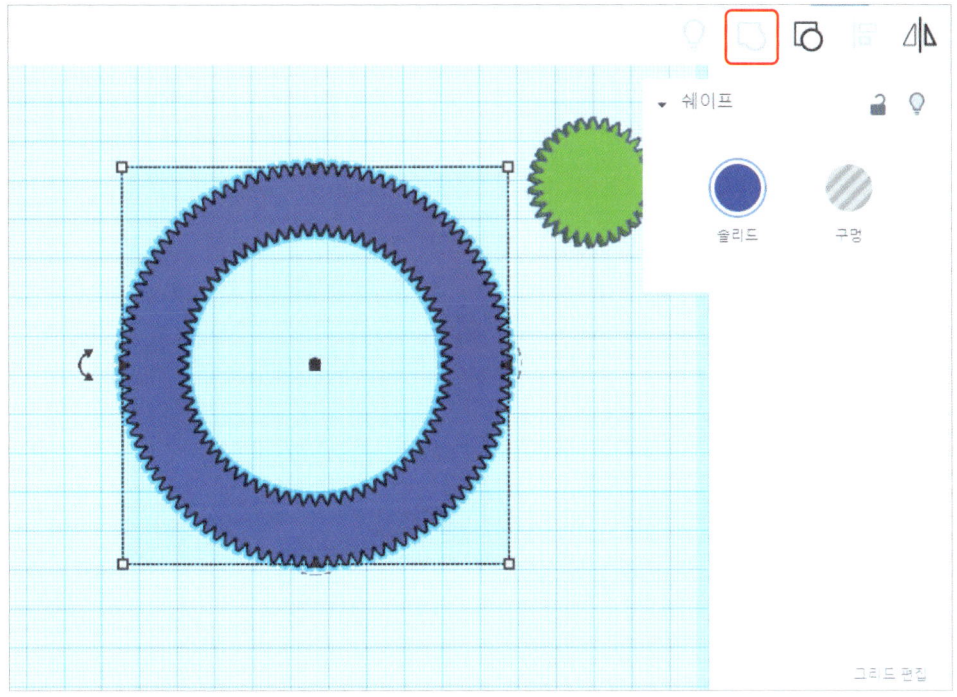

도형을 Ⓐ, Ⓑ 선택한 후 그룹 버튼을 클릭하여 도형을 그룹화시켜 줍니다.

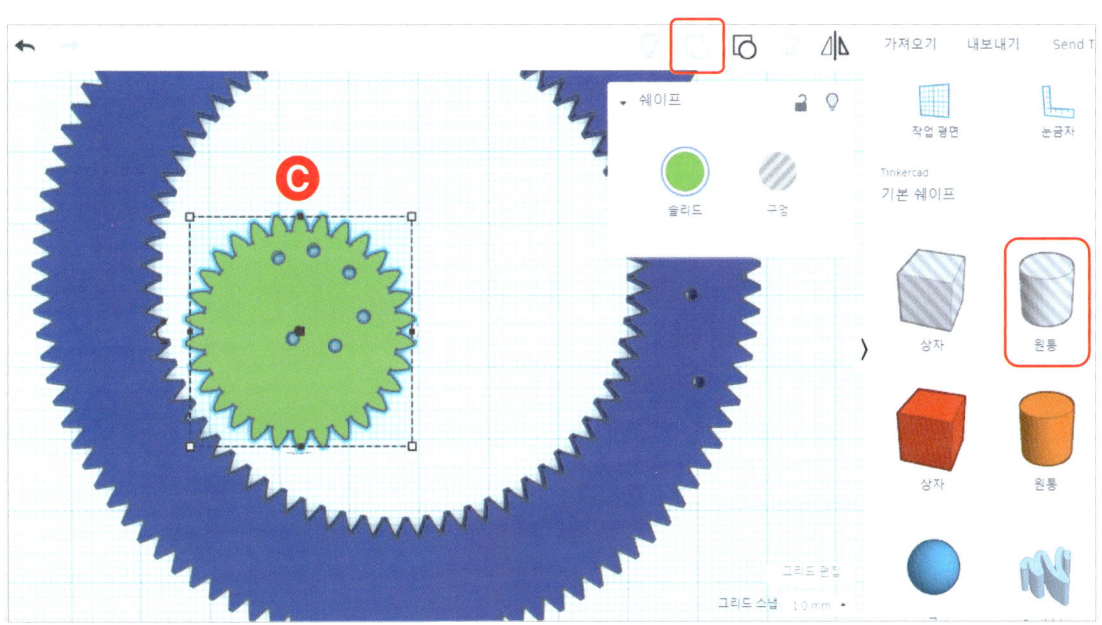

안쪽 톱니 모양 Ⓒ에 구멍 원통으로 원둘레와의 거리가 다른 구멍(지름 2)을 몇 개 만들어 그룹화하여 줍니다.

TINKERCAD DESIGN For 3D PRINTING   SECTION 05

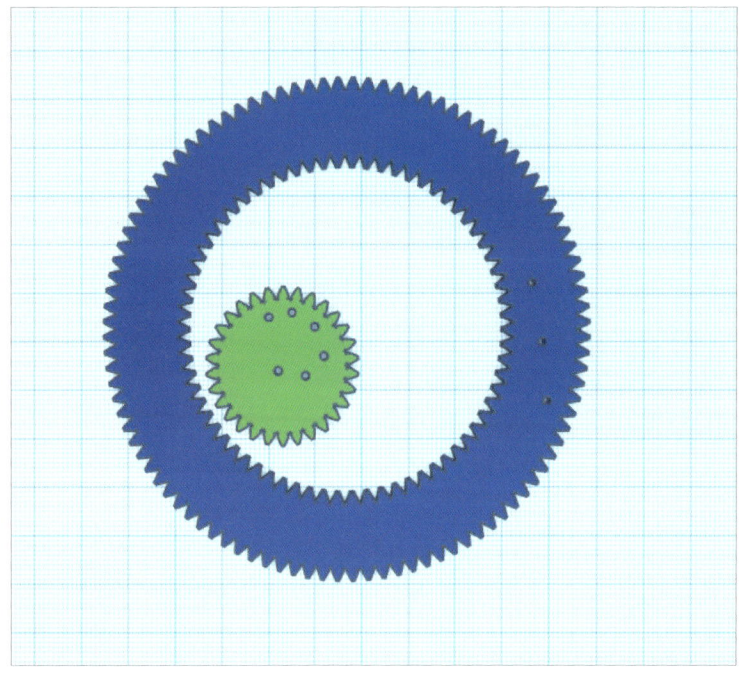

완성된 스파이로그래프로 다양한 기하무늬를 그려봅시다.

 ## 스파이로그래프 Spirograph

다양한 수학적 룰렛 곡선을 생성하는 기하학적인 드로잉 장난감입니다.
크기가 각각 다른 톱니바퀴와 그 안에 뚫린 구멍에 펜을 꽂아 톱니로 이루어진 고정된 원둘레를 돌리면 아름다운 기하 무늬가 나타납니다.
이것은 영국의 엔지니어인 Denys Fisher가 개발했으며 1965년에 처음 판매되었습니다.

SECTION 06 미니 화분

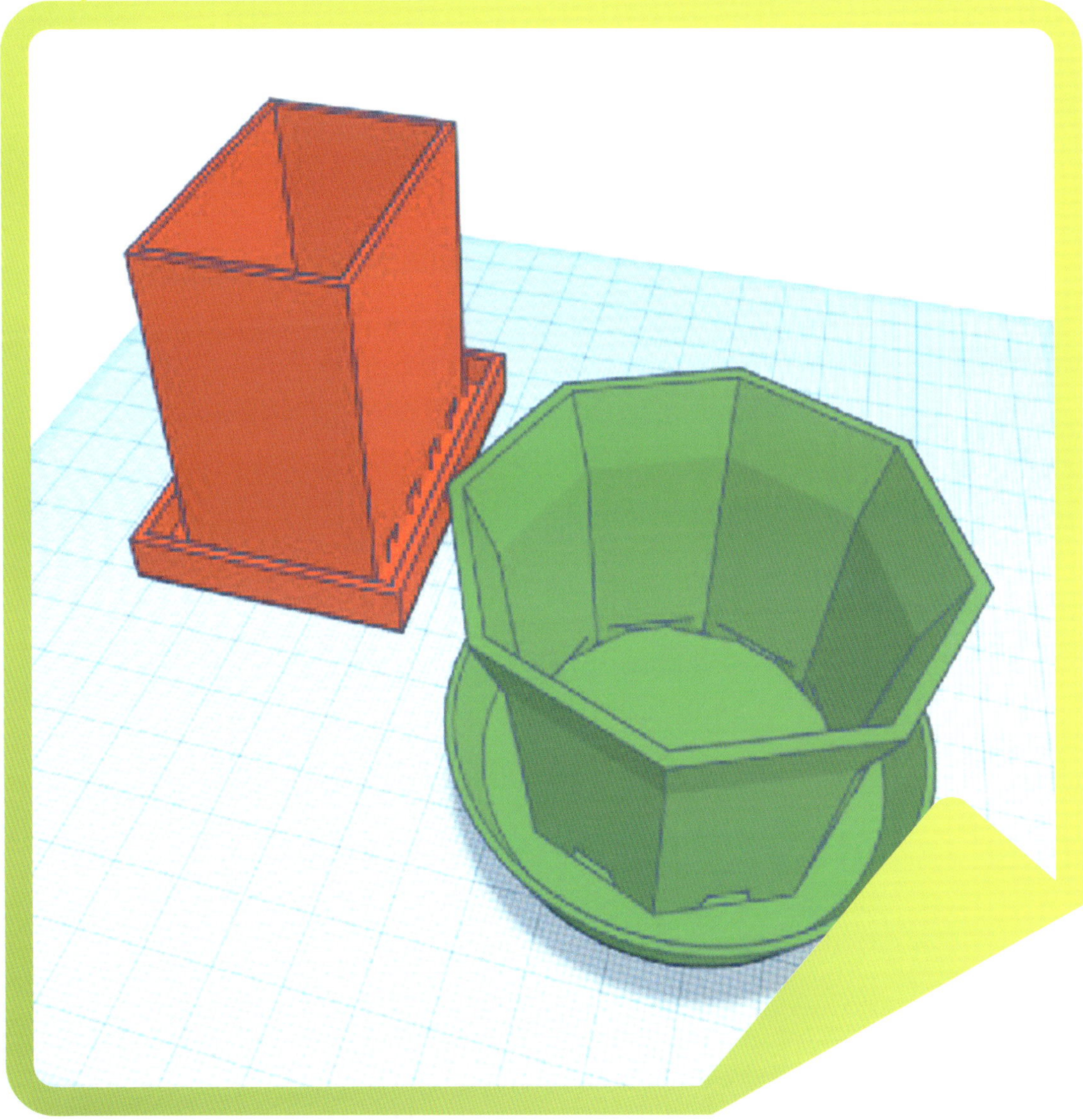

● **화분받침이 같이 있는 미니 화분**

기본 도형은 원뿔을 사용하여 윗면과 아랫면이 다른 도형을 만들어 봅시다.
구멍 도형을 이용하여 담는 미니 화분을 만들고, 실제 식물을 키워 봅시다.

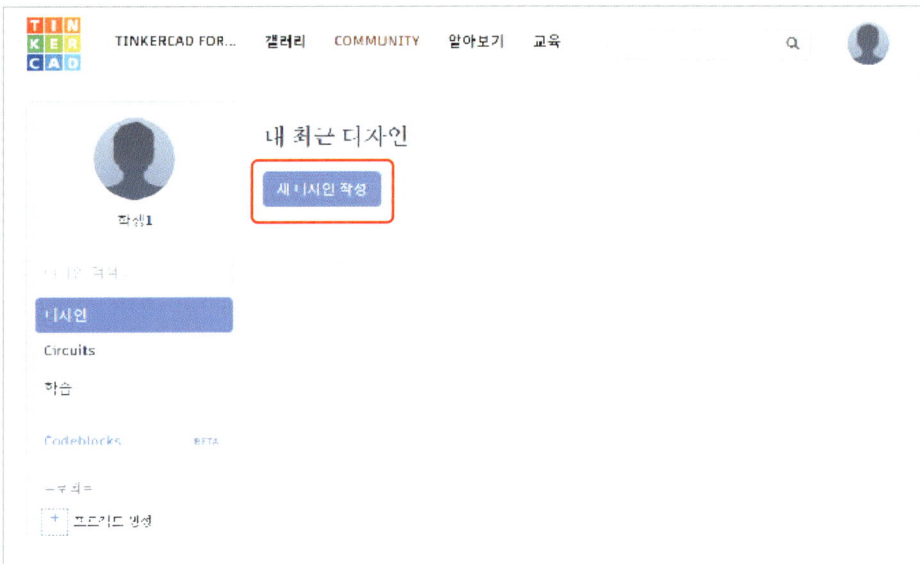

구글크롬 에서 틴커캐드 웹사이트(www.tinkercad.com)에 접속합니다.
로그인 후 대시보드의 새 디자인 작성 을 클릭합니다.

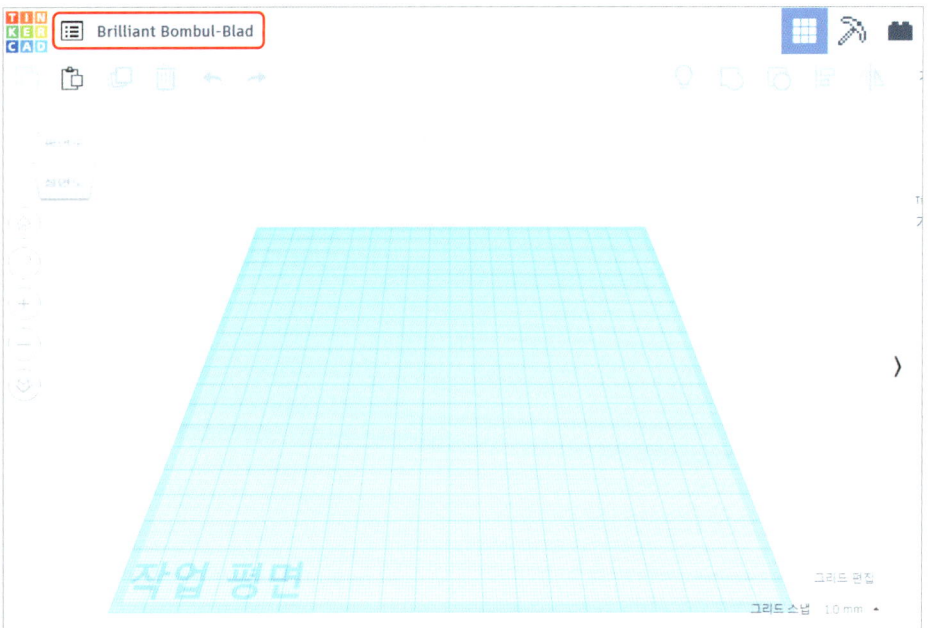

틴커캐드는 저장 버튼이 따로 없으며 웹에서 작업하고 모델링 작업파일 역시 인터넷 저장 공간에 자동으로 저장됩니다. 임의로 주어진 영어이름을 클릭하면 파일명을 수정할 수 있습니다.

TINKERCAD DESIGN For 3D PRINTING

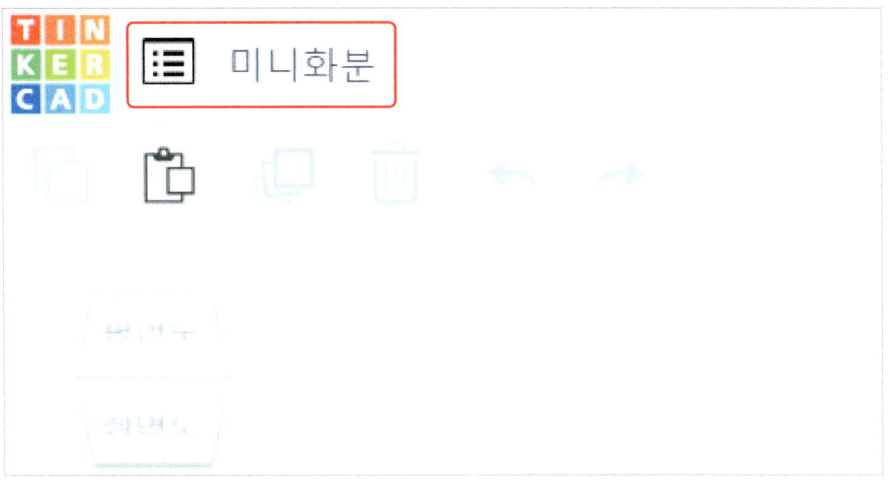

파일명을 "**미니 화분**"으로 수정하고 엔터키 또는 화면의 빈 공간 아무 곳이나 클릭합니다.

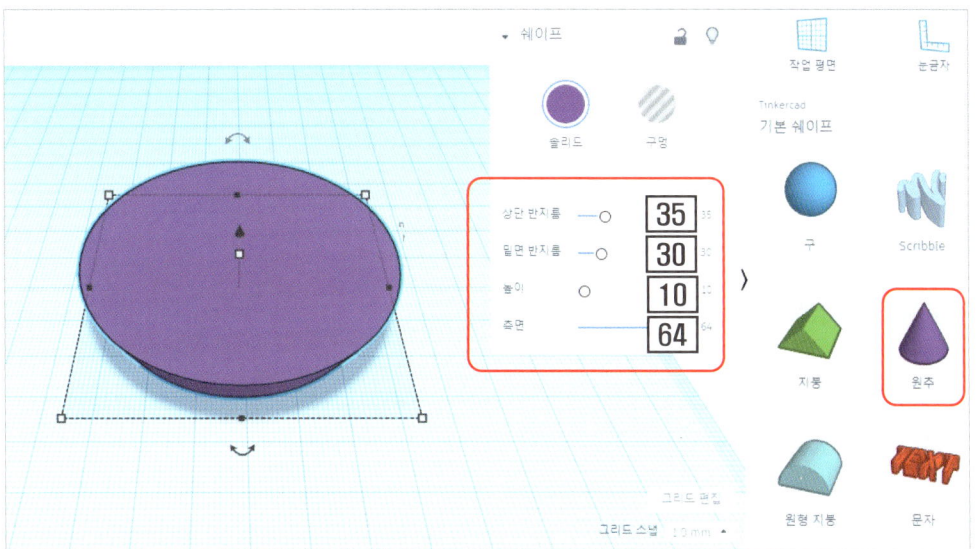

기본 쉐이프에서 원추를 선택하여 작업 평면에 놓고 사이즈를 조정합니다.
예 상단 반지름 35, 밑면 반지름 30, 높이 10, 측면 64

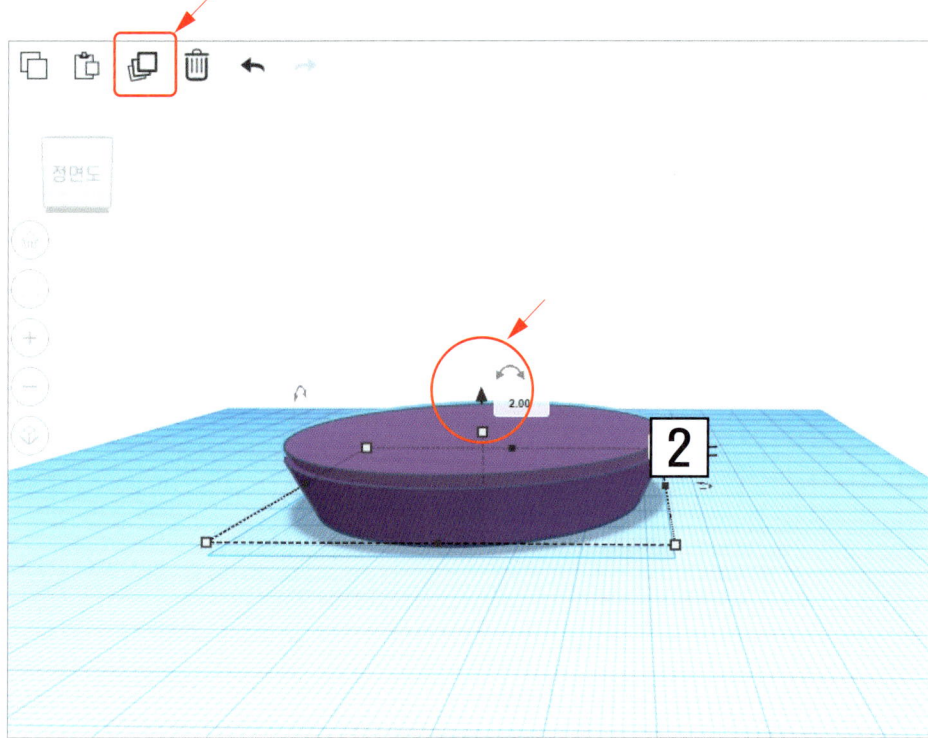

복제하기를 클릭하여 같은 도형을 복제한 후 "2" 만큼 위로 올려줍니다.

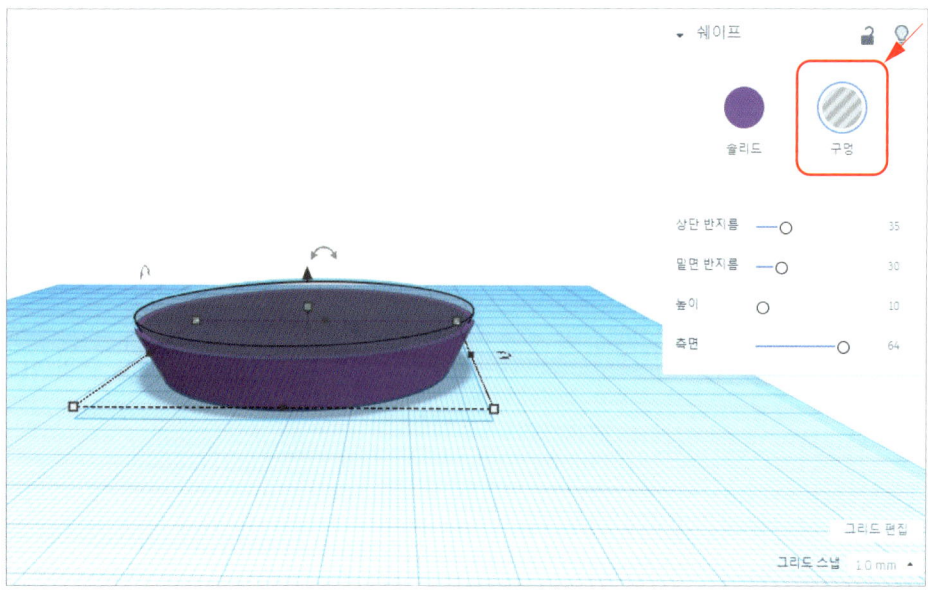

복제된 도형을 구멍 도형으로 바꿔줍니다.

TINKERCAD DESIGN For 3D PRINTING

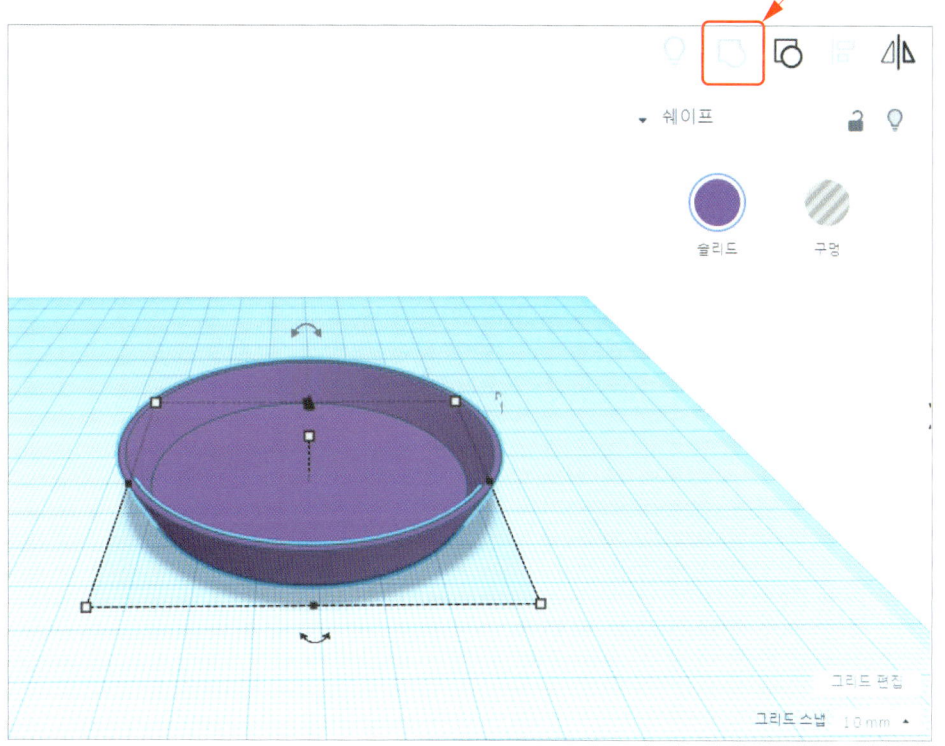

두 모형을 선택한 후 그룹 버튼을 클릭하여 도형을 그룹화시켜 줍니다.
화분받침 부분이 완성되었습니다.

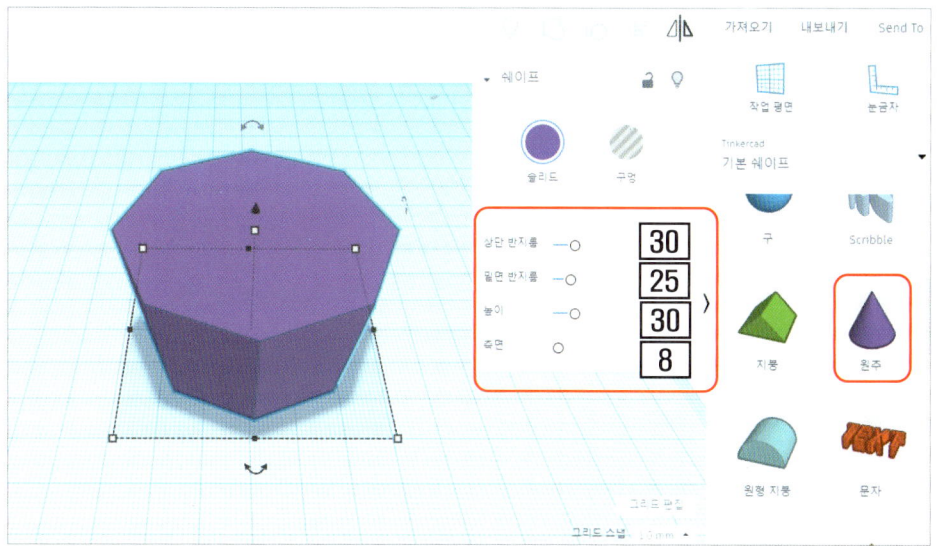

기본 쉐이프에서 원추를 선택하여 작업 평면에 놓고 팔각형 모양 화분을 만듭니다.
예 상단 반지름 30, 밑면 반지름 25, 높이 30, 측면 8

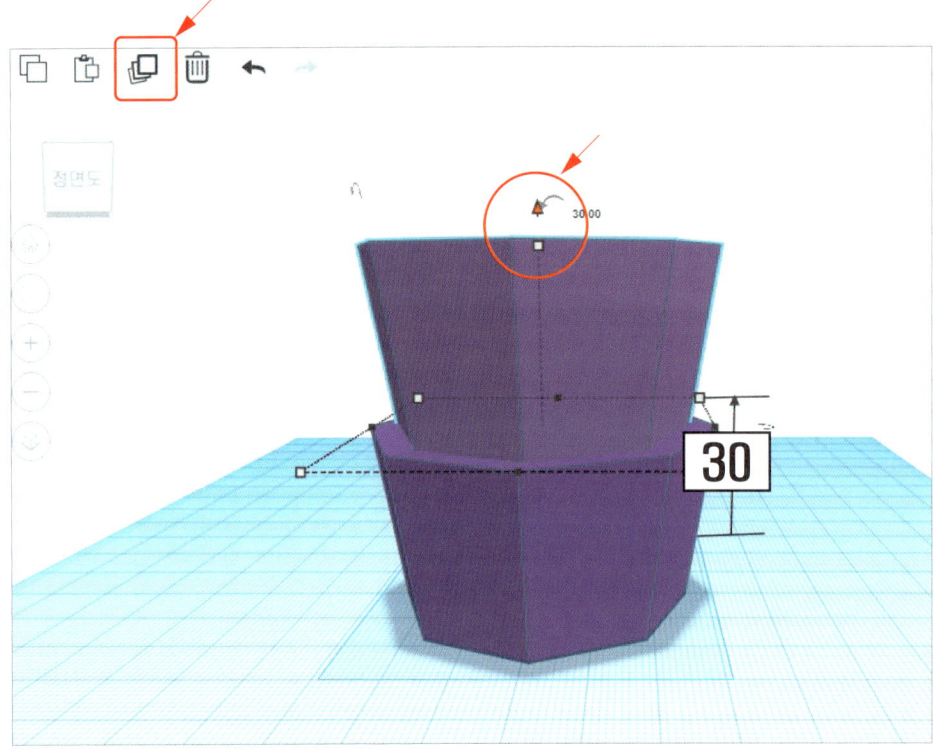

복제하기를 클릭하여 같은 도형을 복제한 후 "30" 만큼 위로 올려줍니다.

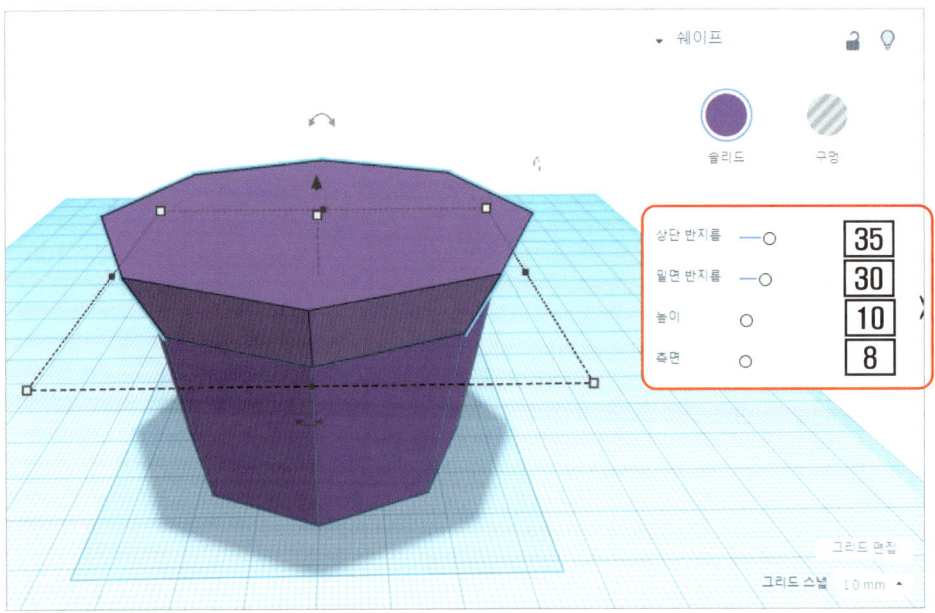

복제된 상단의 도형의 사이즈를 변경합니다.
예 상단 반지름 35, 밑면 반지름 30, 높이 8, 측면 8

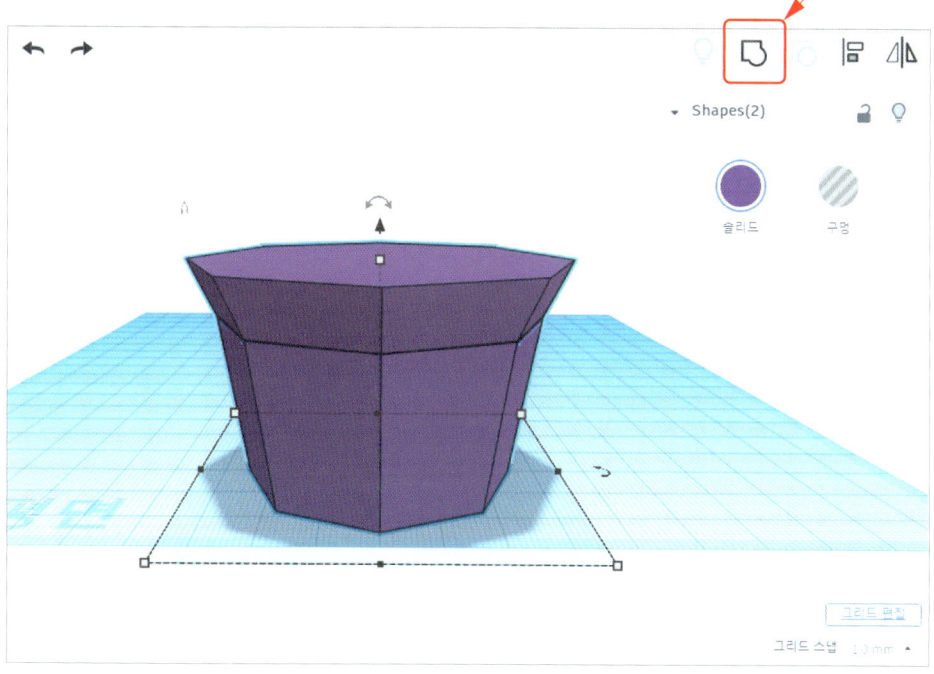

두 모형을 선택한 후 그룹 버튼을 클릭하여 도형을 그룹화시켜 줍니다.
화분 모양이 완성되었습니다.

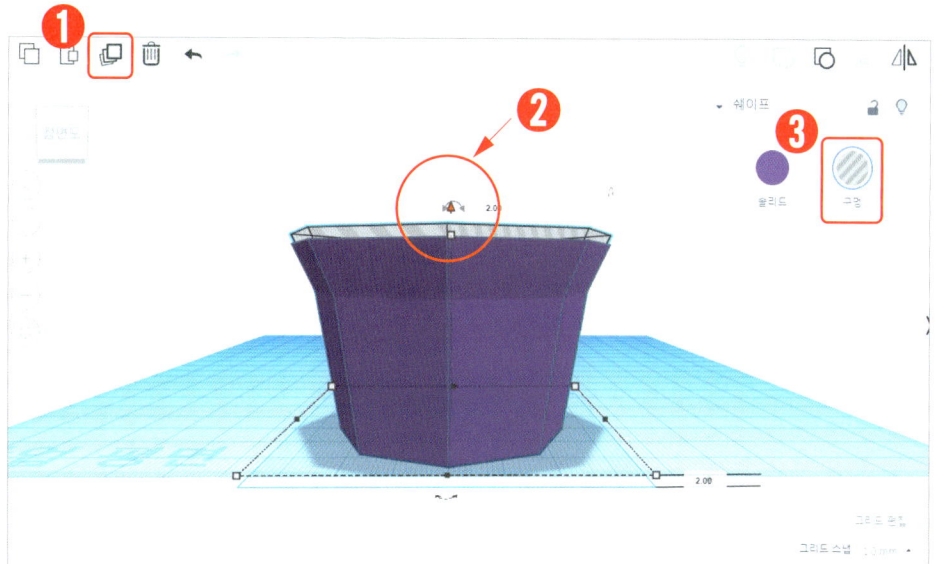

그룹화된 화분 모양을 ❶ 복제하여 ❷ 위로 "2"만큼 올려준 후 ❸ 구멍 도형으로 바꾸어 줍니다.

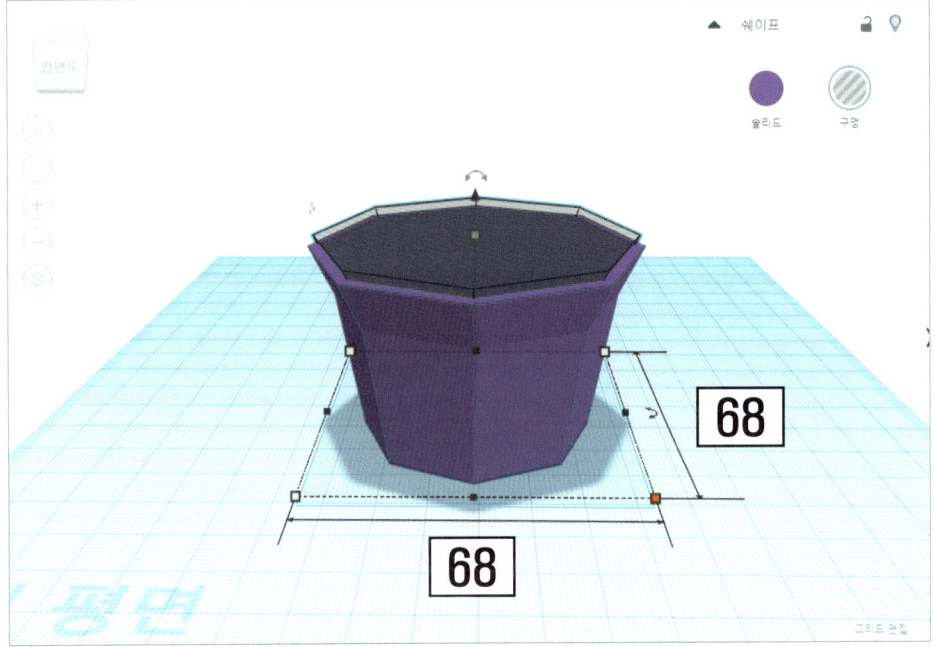

복제된 도형의 치수를 조절합니다.
예 가로 68, 세로 68

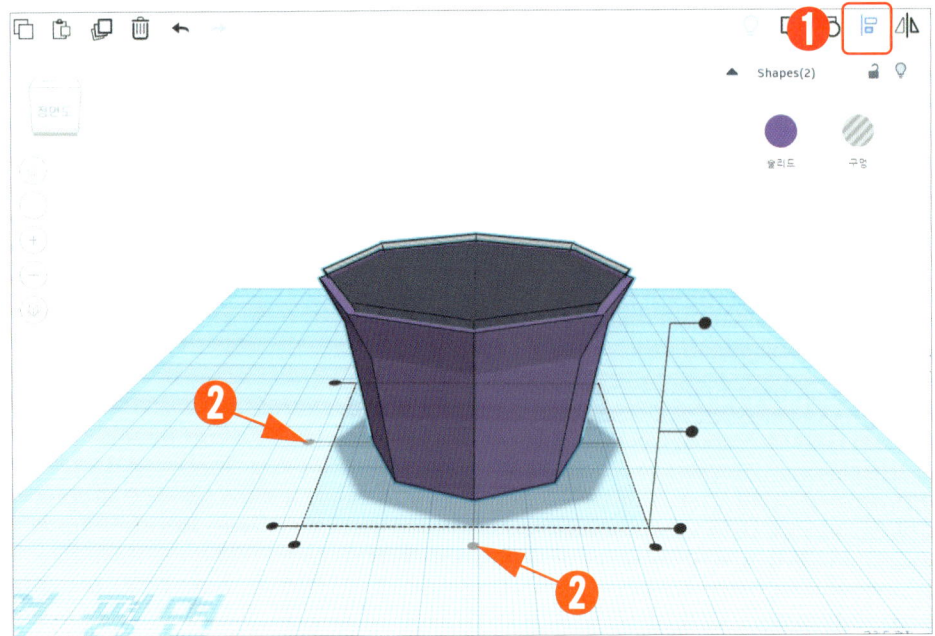

도형을 모두 선택하여 ❶ 정렬 버튼을 클릭한 후 ❷를 클릭하여 가운데 정렬합니다.

TINKERCAD DESIGN For 3D PRINTING

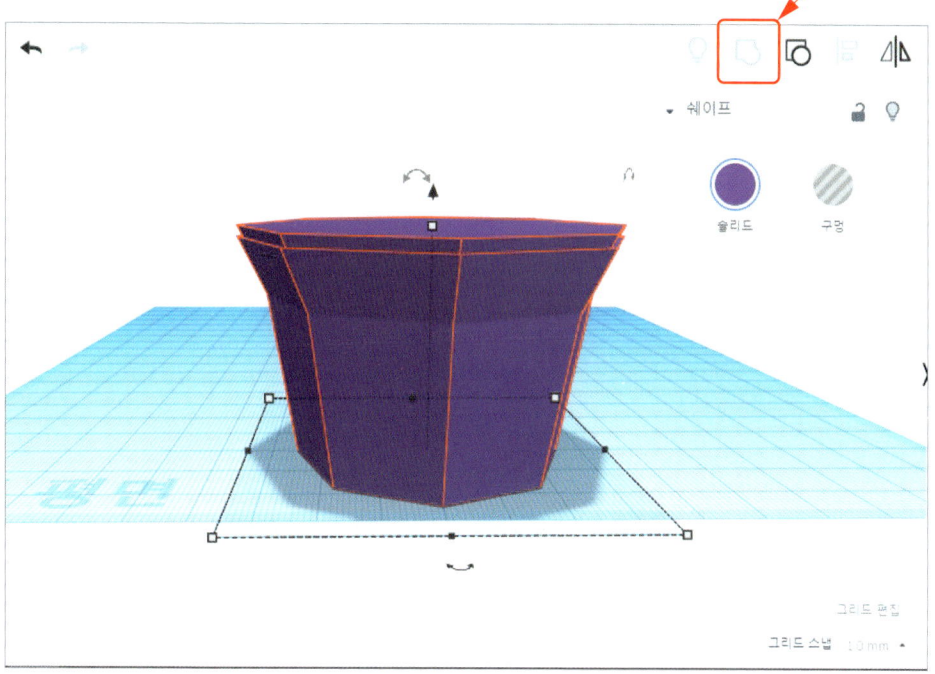

두 도형을 선택한 후 그룹 버튼을 클릭하여 도형을 그룹화시켜 줍니다.

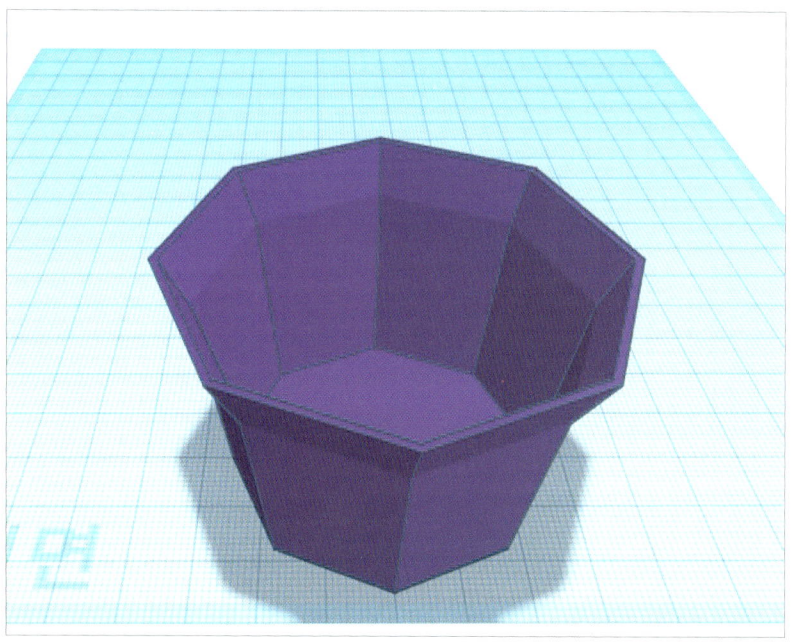

화분 모양이 완성되었습니다.

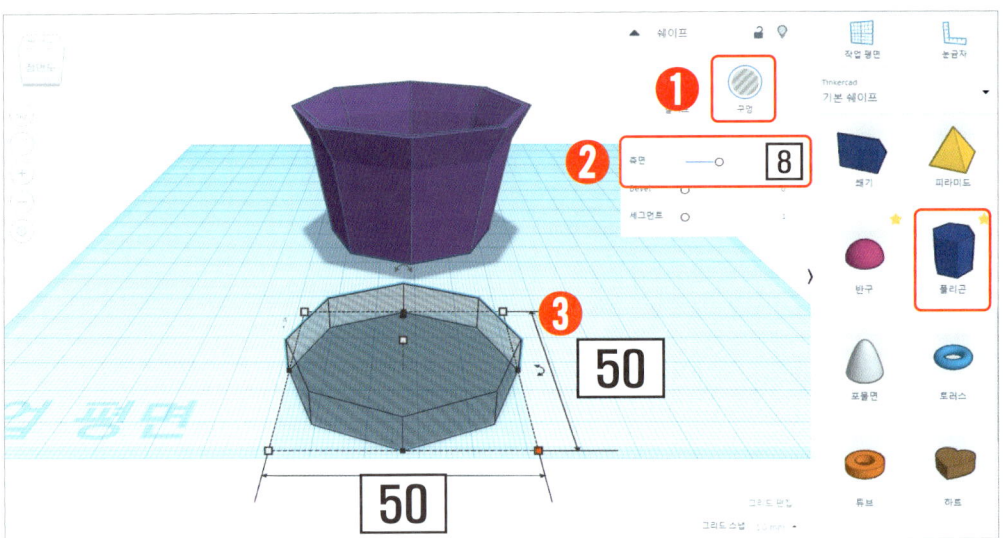

기본 쉐이프에서 폴리곤을 선택하여 ❶ 구멍 도형으로 바꾼 후 ❷ 측면을 "8"(팔각형)으로 수정한 후에 ❸ 치수를 조절합니다.

예 가로 50, 세로 50, 높이 5

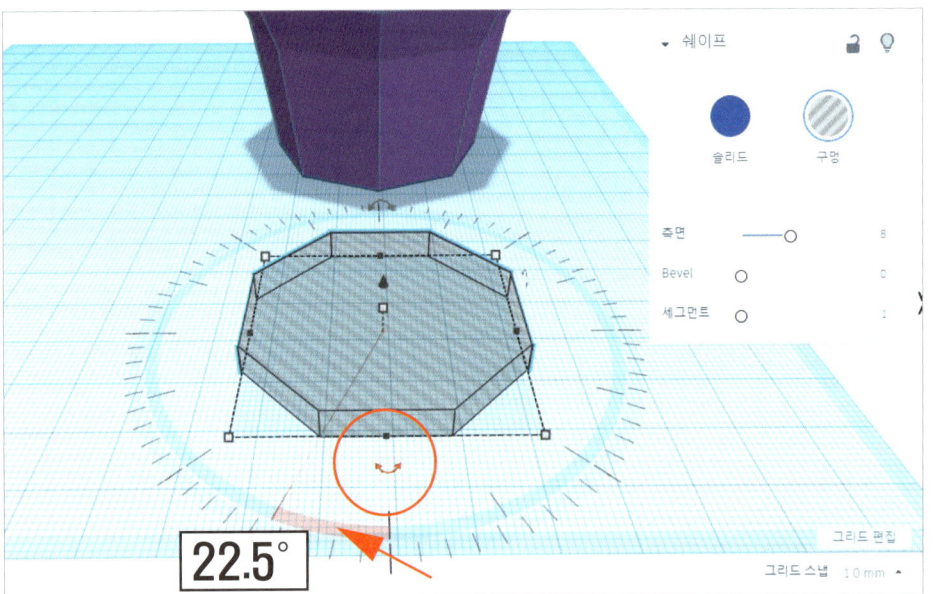

회전 화살표를 드래그하여 핑크색 부분을 움직이면 도형이 22.5도 단위로 회전합니다.

▶ Shift 키를 누른채
 회전 화살표를 드래그하면 45도 각도 단위로 회전합니다.

TINKERCAD DESIGN For 3D PRINTING

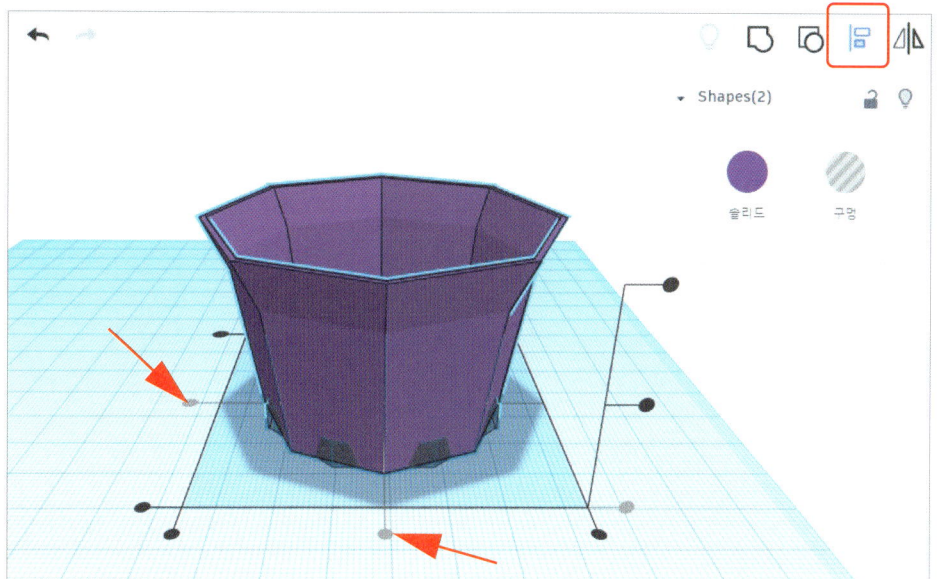

22.5도 회전된 팔각형과 화분 도형을 함께 선택한 후 정렬 버튼을 클릭하여 가운데 정렬합니다.

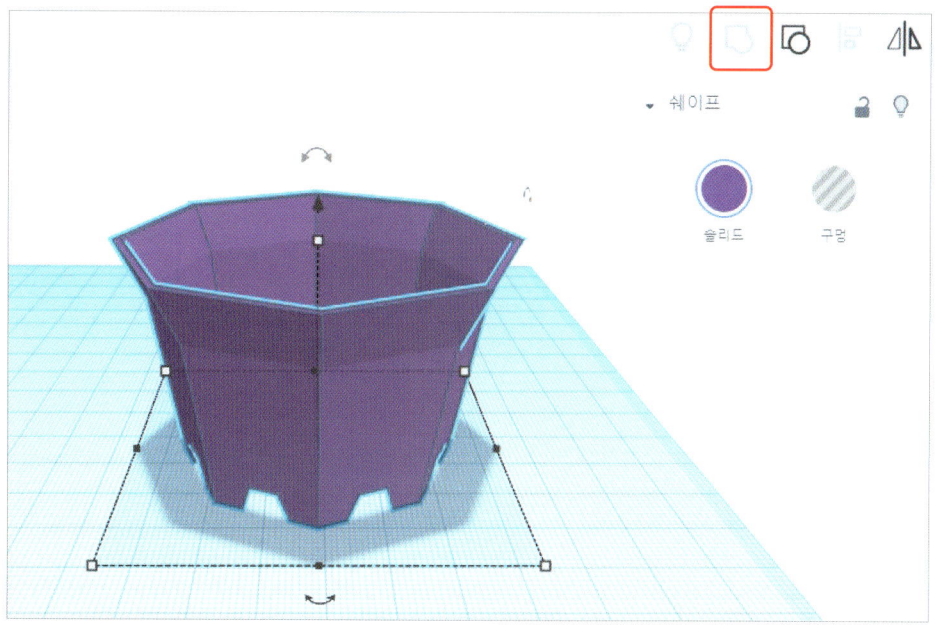

두 도형을 선택한 후 그룹 버튼을 클릭하여 도형을 그룹화시켜 줍니다.

 ▶ ● 전체선택 단축키 [Crtl]+[A]   ● 그룹화 단축키 [Crtl]+[G]

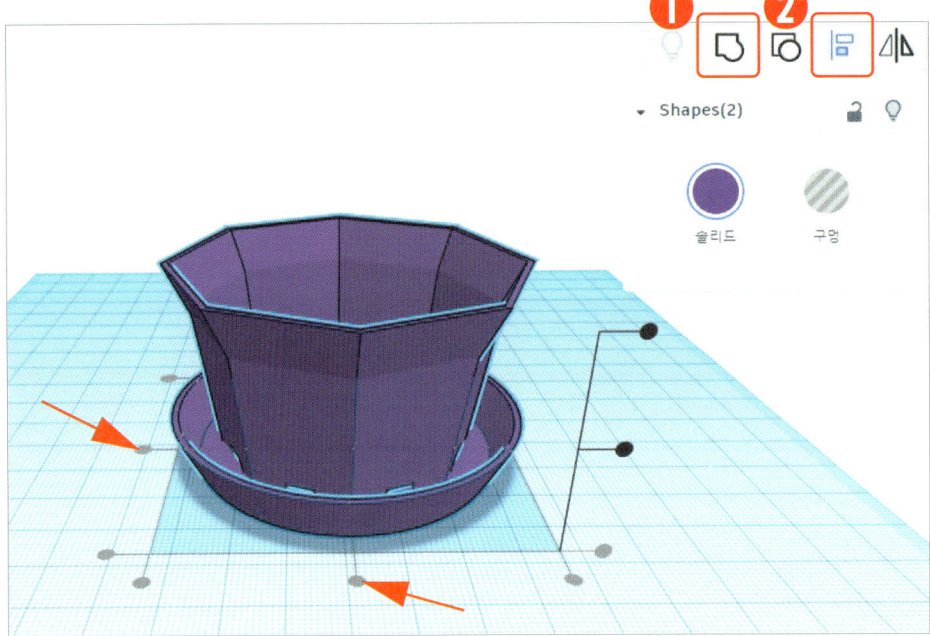

처음 만든 원형 화분받침과 팔각형 화분을 ❶ 가운데 정렬한 후 ❷ 그룹 버튼을 클릭한 후 그룹화시켜 줍니다.

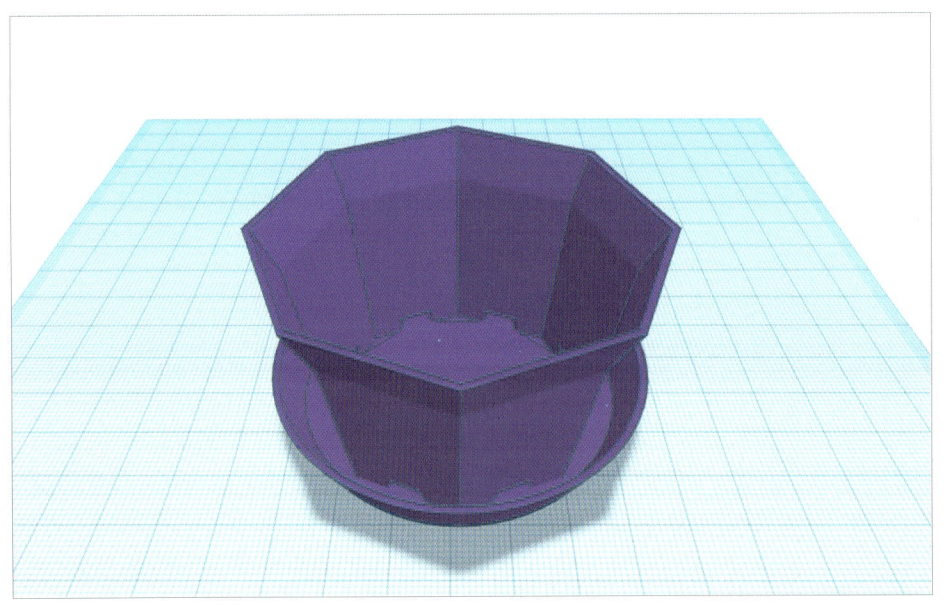

화분받침이 같이 있는 미니 화분이 완성되었습니다.

SECTION 07
숫자 주사위

기본 도형을 활용한 주사위 만들기

작업 평면을 이해하고 필요에 따라 임시 작업 평면을 만들어 도형을 배치해봅니다.
구멍 도형을 활용하여 주사위에 숫자를 새겨봅니다.

TINKERCAD DESIGN For 3D PRINTING

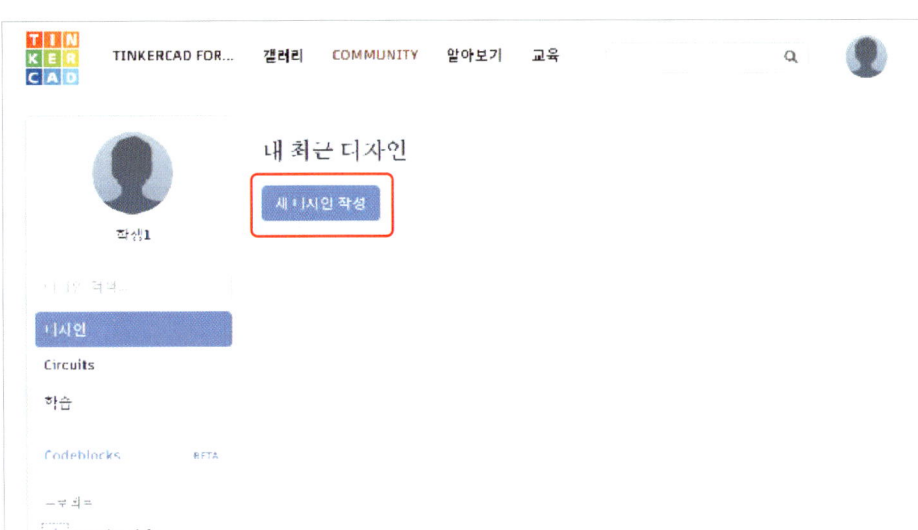

구글크롬 에서 틴커캐드 웹사이트(www.tinkercad.com)에 접속합니다.
로그인 후 대시보드의 새 디자인 작성 을 클릭합니다.

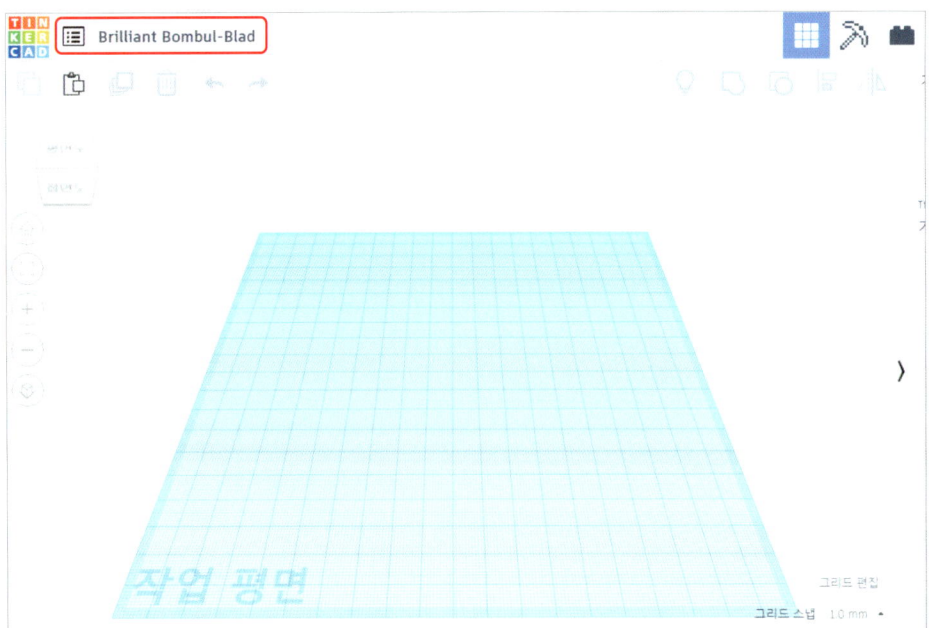

틴커캐드는 저장 버튼이 따로 없으며 웹에서 작업하고 모델링 작업파일 역시 인터넷 저장 공간에 자동으로 저장됩니다. 임의로 주어진 영어이름을 클릭하면 파일명을 수정할 수 있습니다.

TINKERCAD DESIGN For 3D PRINTING　　　　　　　　　　　　　SECTION 07

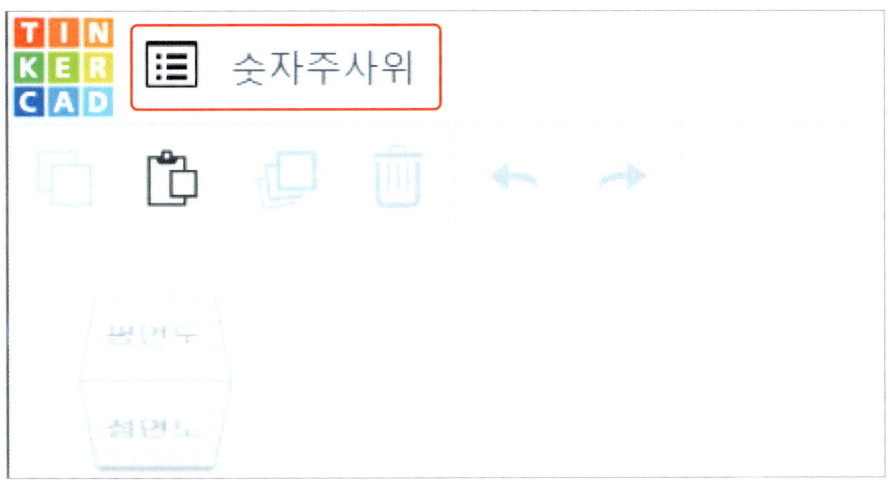

파일명을 "**숫자 주사위**"로 수정하고 엔터키 또는 화면의 빈 공간 아무 곳이나 클릭합니다.

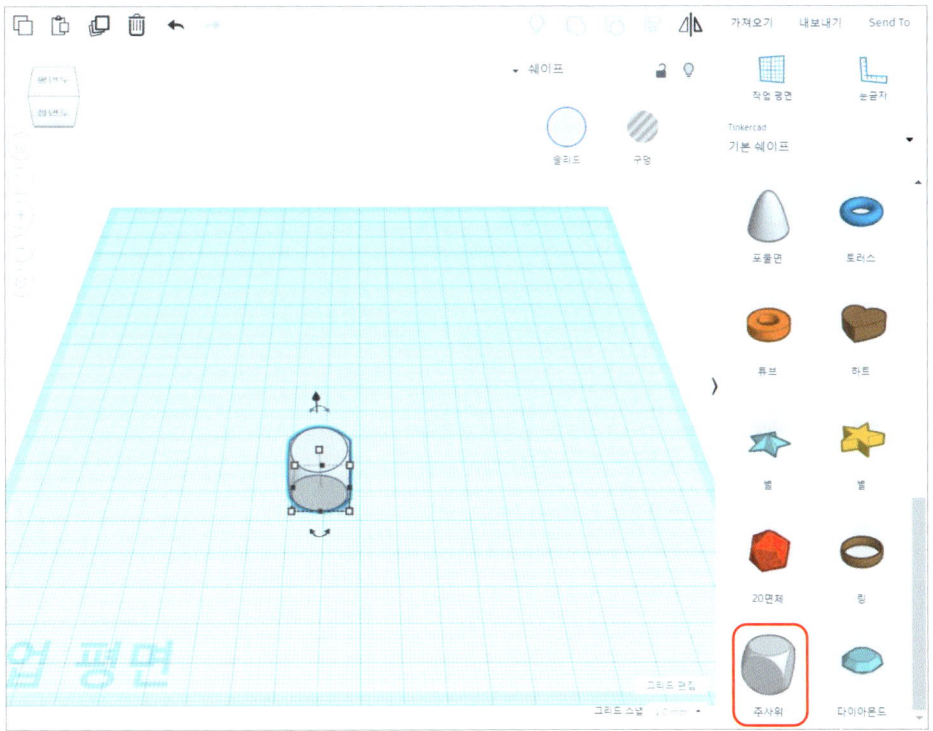

 02

기본 쉐이프에서 주사위를 선택하여 작업 평면에 놓습니다.

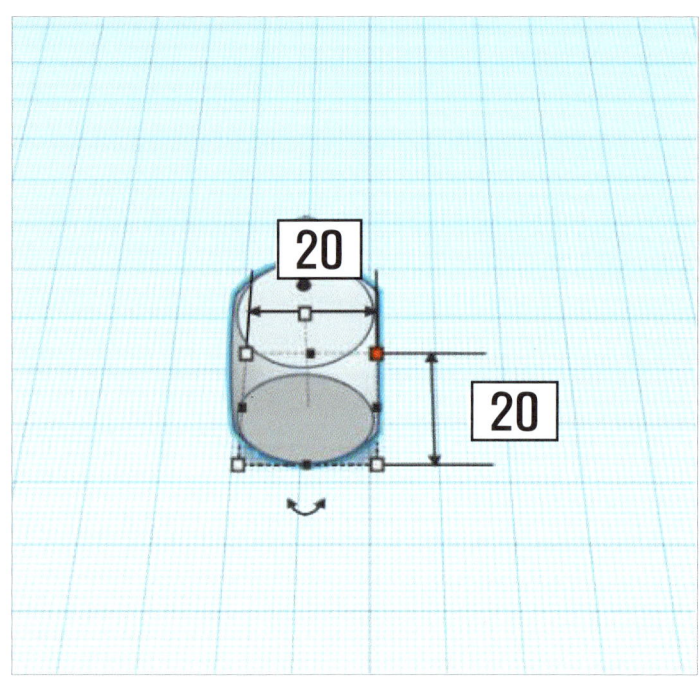

주사위의 크기를 수정합니다.
(가로 20, 세로 20, 높이 20)

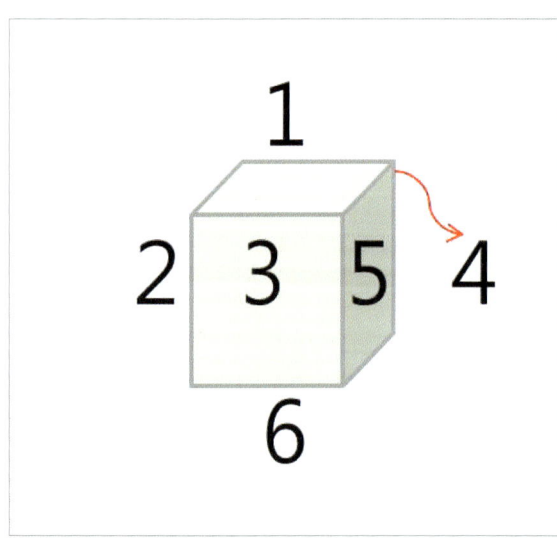

주사위 각 면에 왼쪽 그림을 참고하여 숫자를 배치해봅니다.

TINKERCAD DESIGN For 3D PRINTING SECTION 07

03

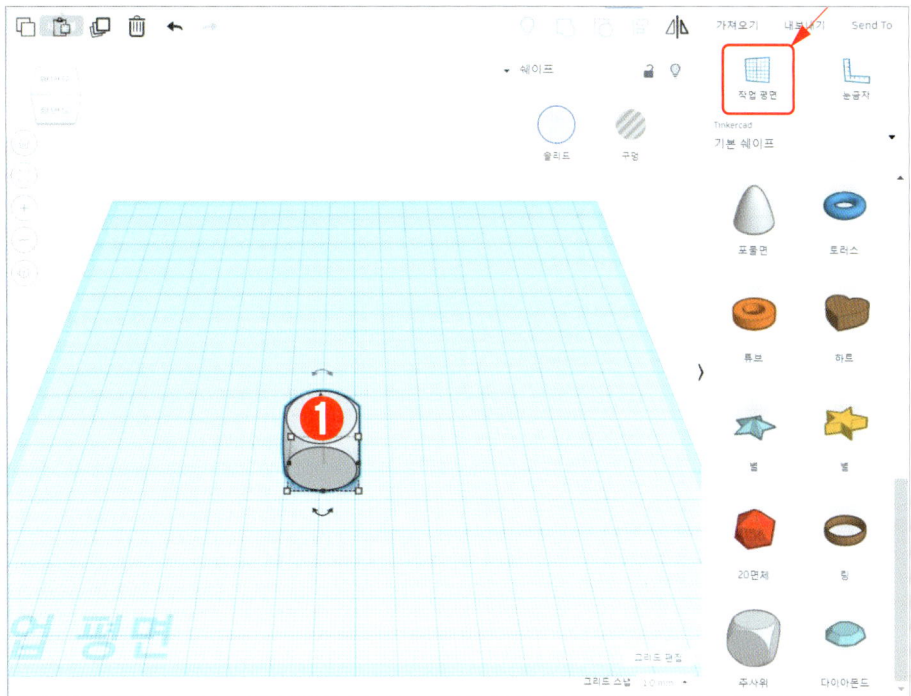

주사위 위쪽에 숫자를 올리기 위하여 임시 작업 평면을 만들어 봅니다.
상단의 작업 평면 버튼을 클릭하여 ❶의 위치에 둡니다.

기존의 하늘색 작업 평면 외에 주황색의 임시 작업 평면이 아래 그림과 주사위 위쪽에 생성되었습니다.

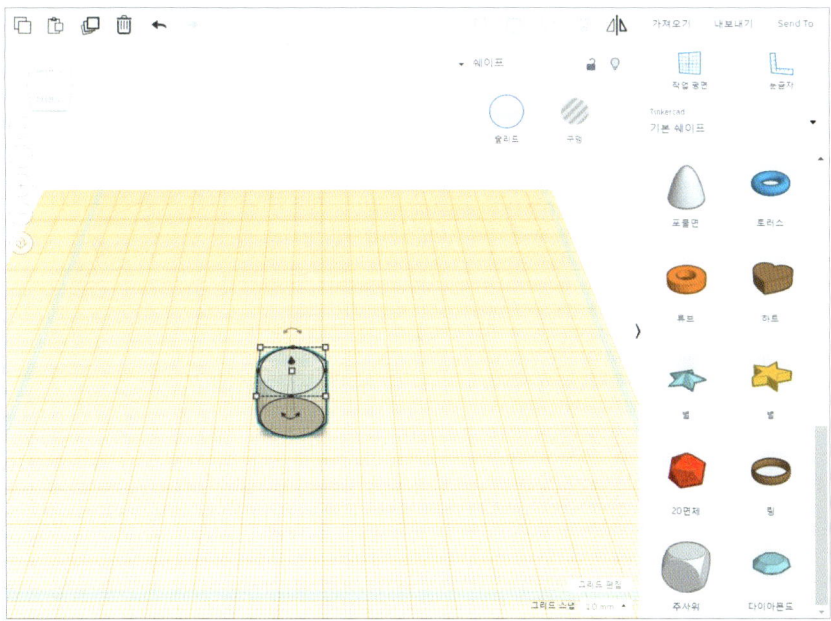

TINKERCAD DESIGN For 3D PRINTING

04

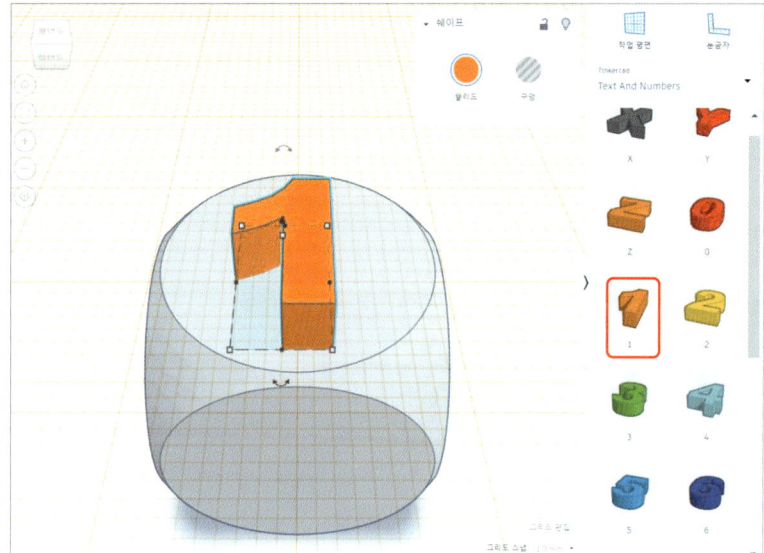

틴커캐드 도형의 기본 쉐이프 아래 Text And Numbers를 선택합니다.
2페이지에 있는 숫자 도형을 가져와서 임시 작업 평면 위에 놓습니다.

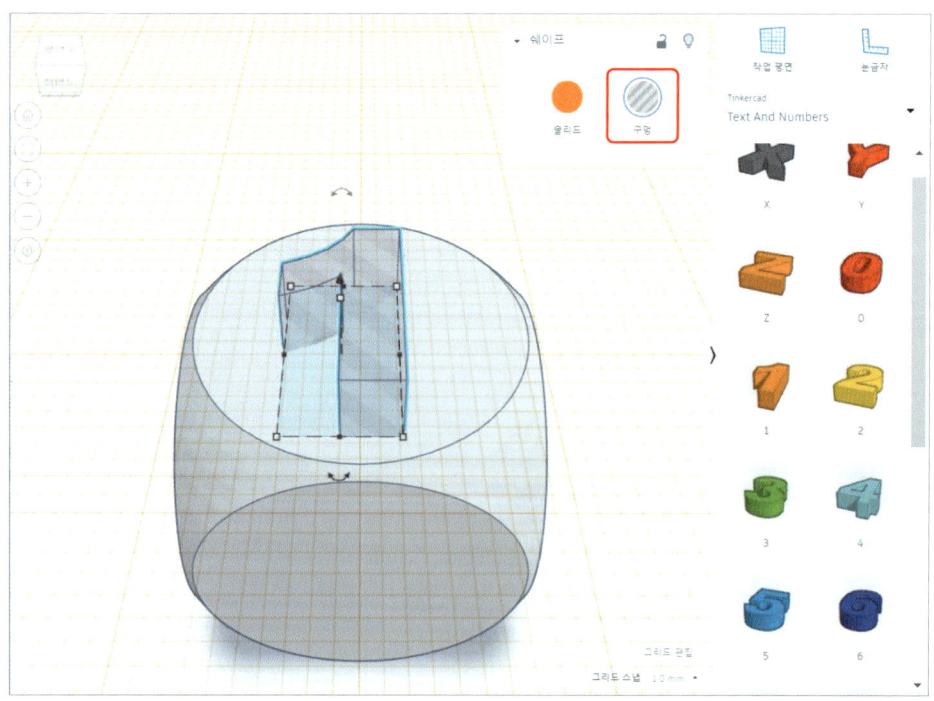

가져온 숫자를 구멍 도형으로 만듭니다.

TINKERCAD DESIGN For 3D PRINTING

05

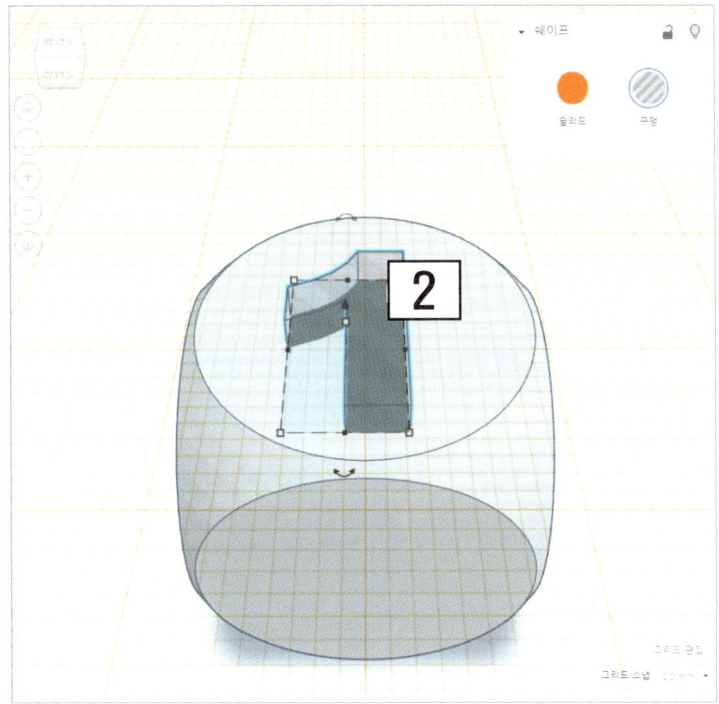

숫자를 새겨넣기 위하여 구멍 도형인 숫자를 선택하여 임시 작업 평면의 바닥 아래로 2만큼 이동시켜 줍니다.

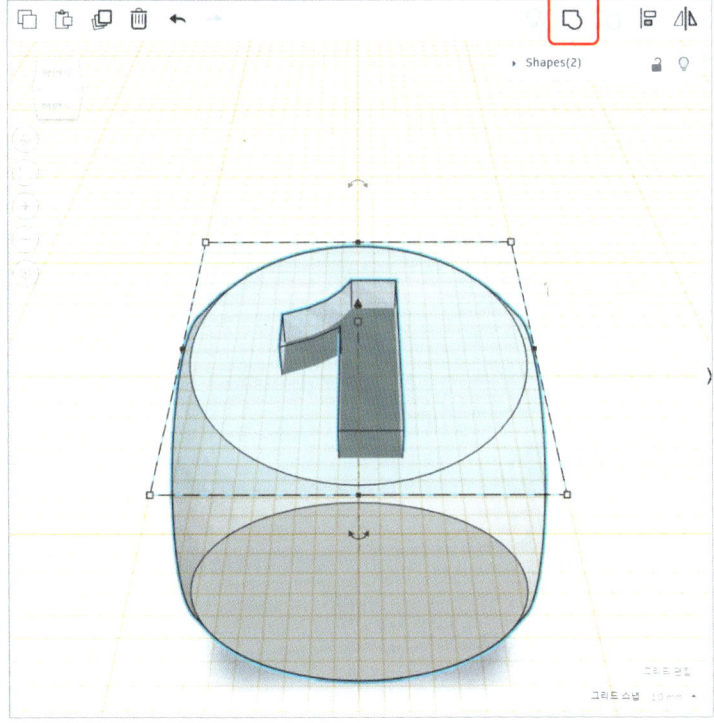

주사위 도형과 숫자 도형을 같이 선택하여 그룹화합니다.

TINKERCAD DESIGN For 3D PRINTING

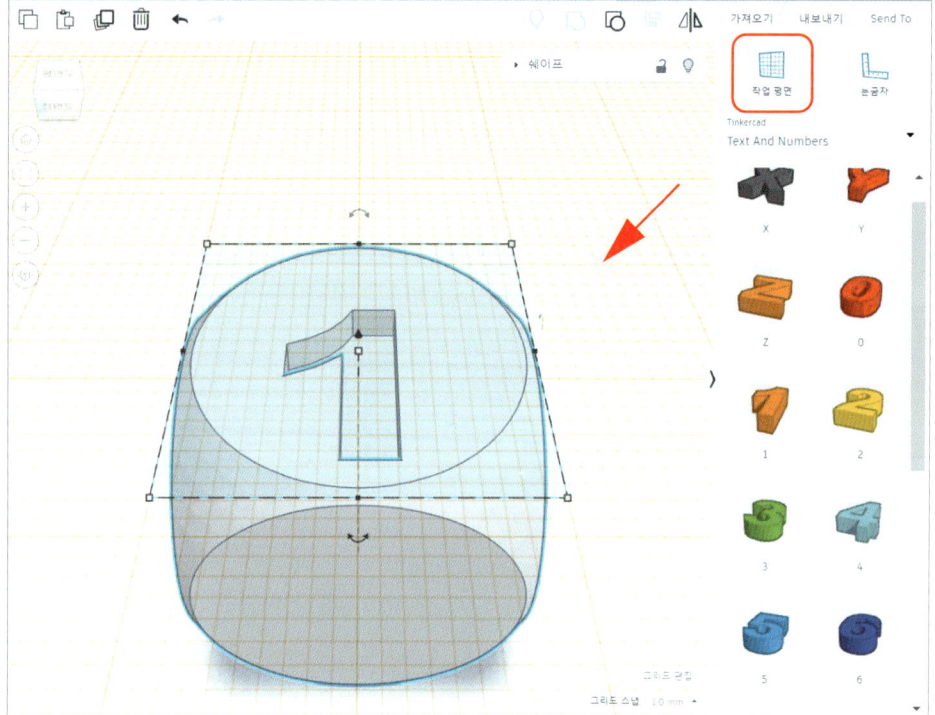

기존의 하늘색 작업 평면으로 돌아가기 위하여 다시 작업 평면 버튼을 클릭한 후 도형 이외의 다른 공간을 클릭합니다. 주황색의 임시 작업 평면이 없어지고 기존의 작업 평면만 남아있게 됩니다.

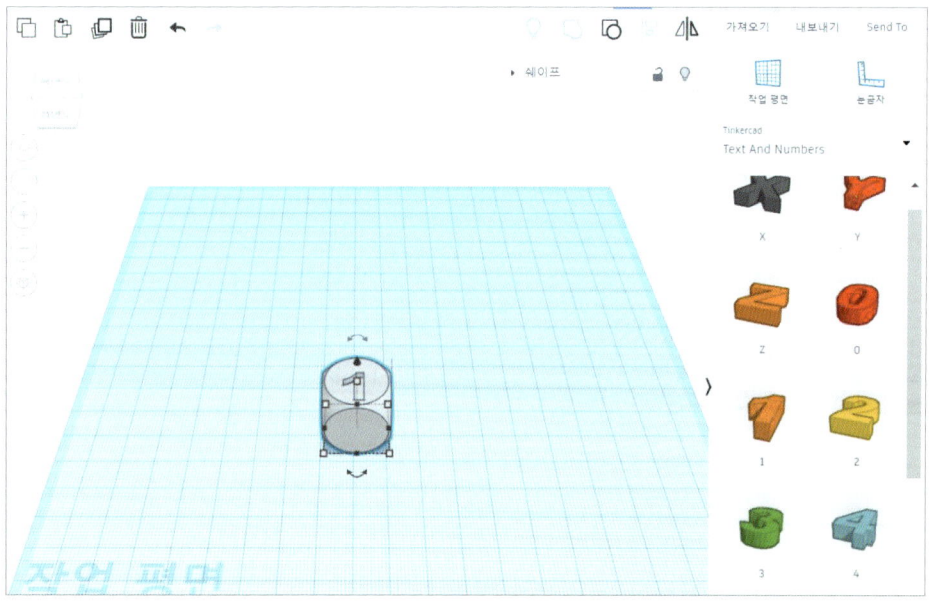

같은 방법으로 주사위 앞쪽에 숫자 3을 넣어봅시다.

TINKERCAD DESIGN For 3D PRINTING

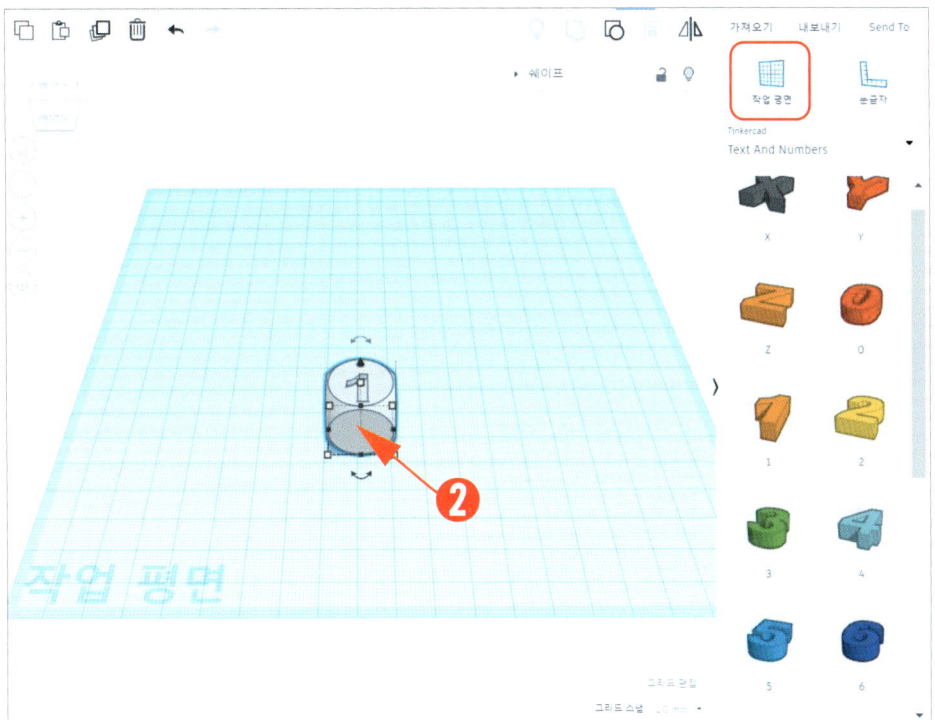

상단의 작업 평면 버튼을 클릭하여 ❷의 위치에 둡니다.
기존의 하늘색 작업 평면 외에 주황색의 임시 작업 평면이 아래 그림과 주사위 앞쪽에 생성되었습니다.

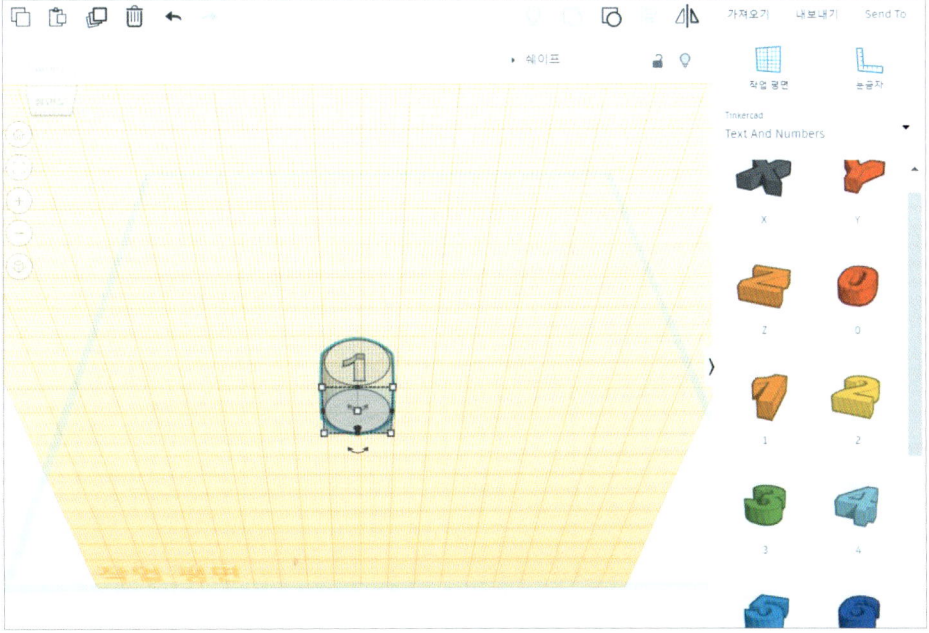

TINKERCAD DESIGN For 3D PRINTING																								SECTION 07

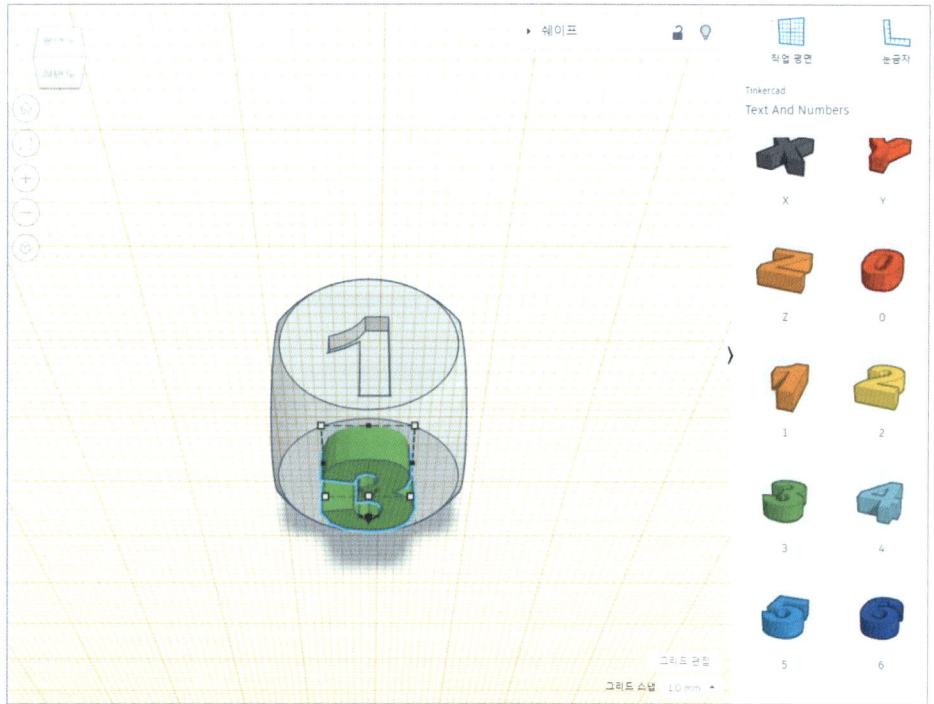

숫자 도형에서 3을 가져옵니다. 주황색 임시 작업 평면에 숫자를 바르게 위치시켜 줍니다.

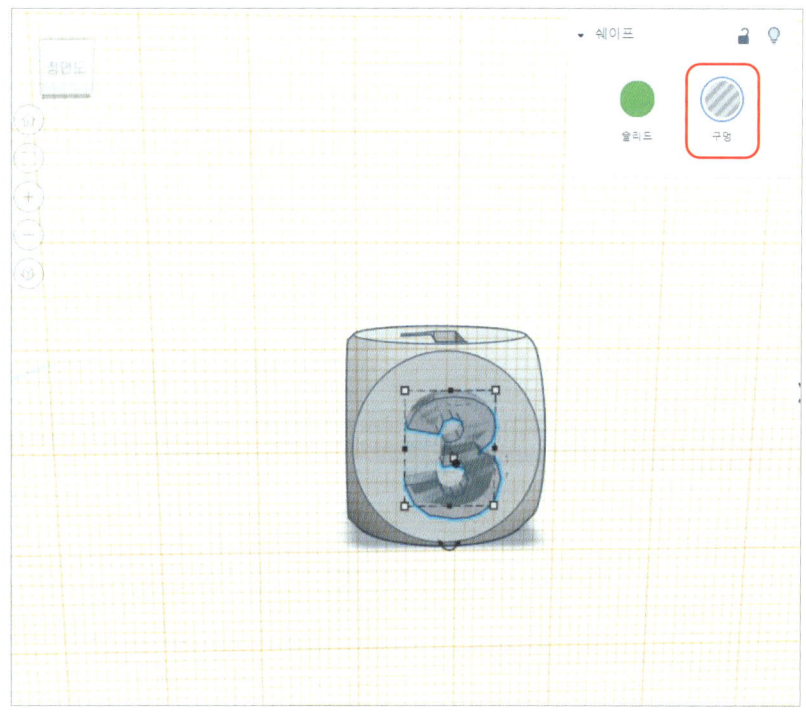

숫자를 구멍 도형으로 만들고 Crtl + ↓ 아래쪽 화살표를 눌러 바닥 아래로 2만큼 이동시킵니다.

TINKERCAD DESIGN For 3D PRINTING

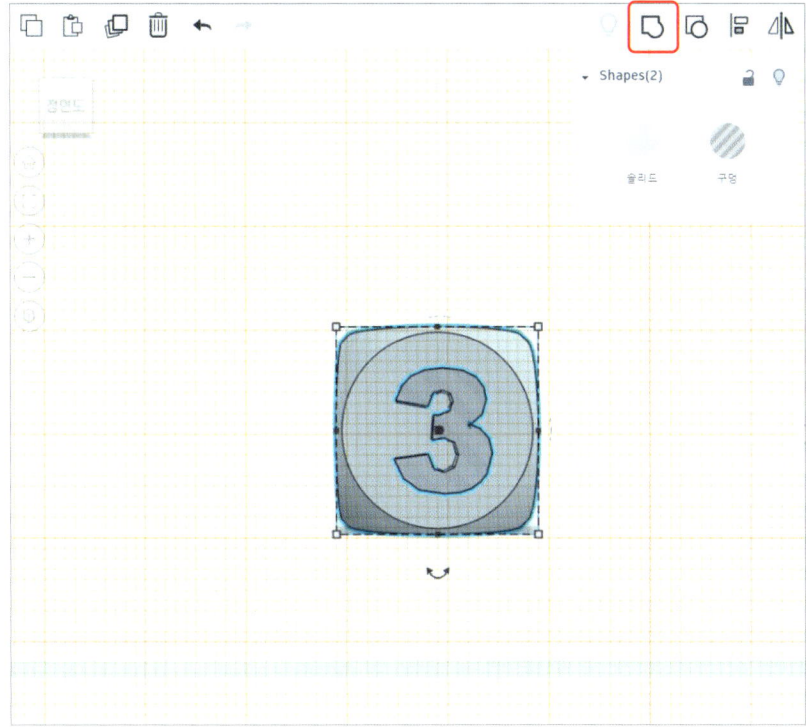

전체를 선택하여 그룹화합니다.

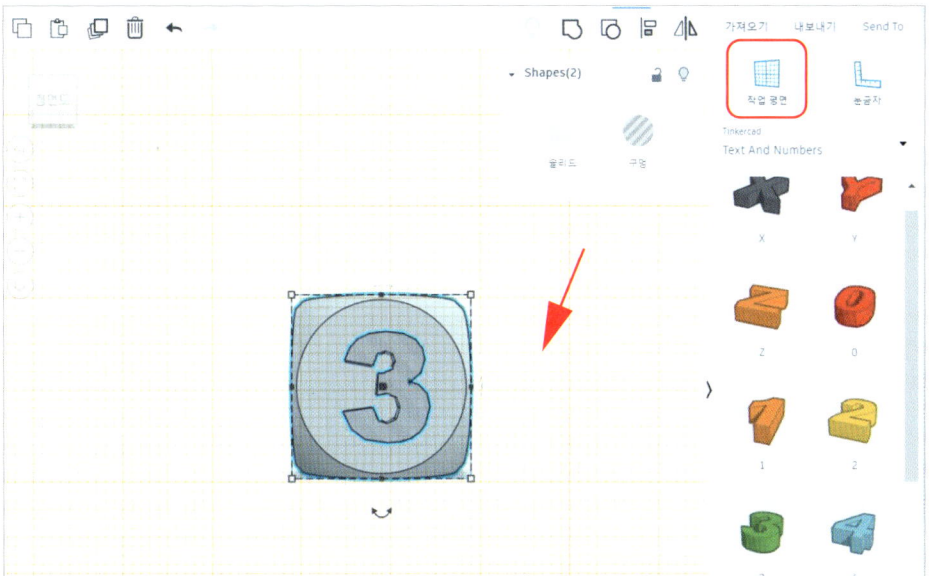

기존의 하늘색 작업 평면으로 돌아가기 위하여 다시 작업 평면 버튼을 클릭한 후 도형 이외의 다른 공간을 클릭합니다. 주황색의 임시 작업 평면이 없어지고 기존의 작업 평면만 남아있게 됩니다.

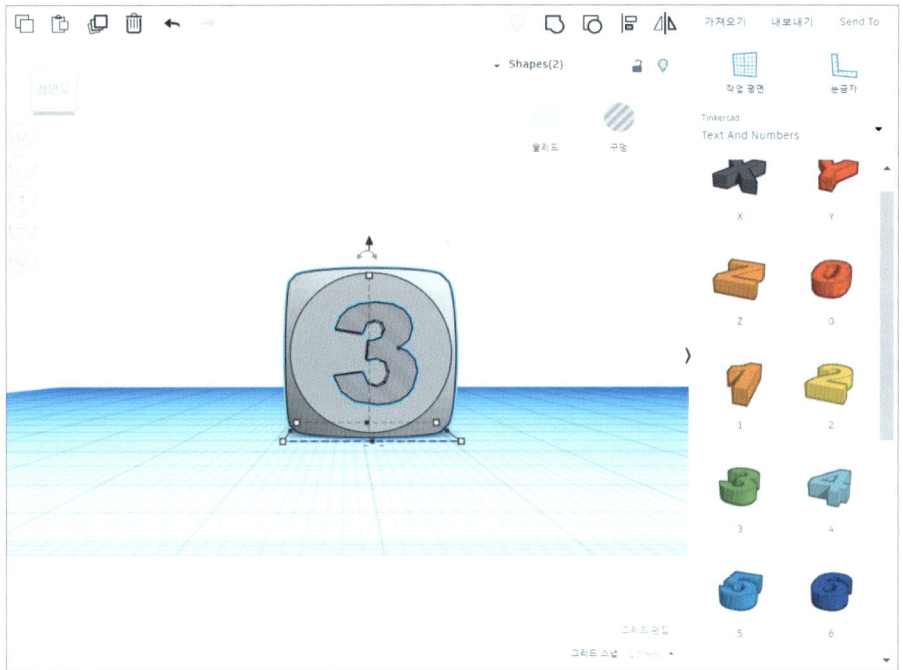

주사위의 나머지 면에서도 주황색 임시 작업 평면을 만든 후 숫자 도형을 가져옵니다. 가져온 숫자를 구멍 도형으로 만든 후 주사위 안쪽으로 2만큼 이동시켜서 그룹화합니다.

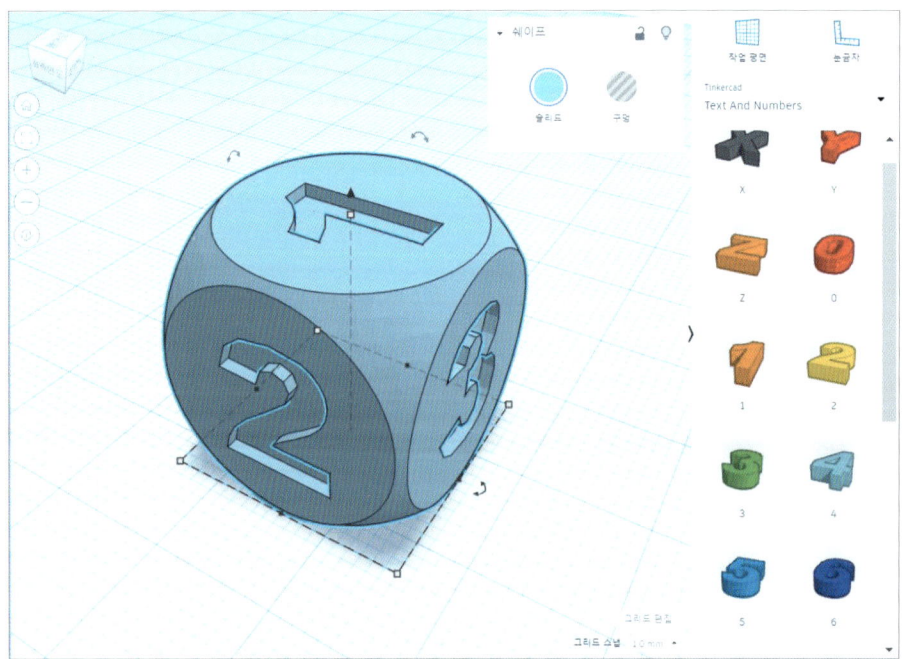

같은 방법으로 6면 모두 숫자를 새겨 넣어봅니다.

SECTION 08 연필 꽂이

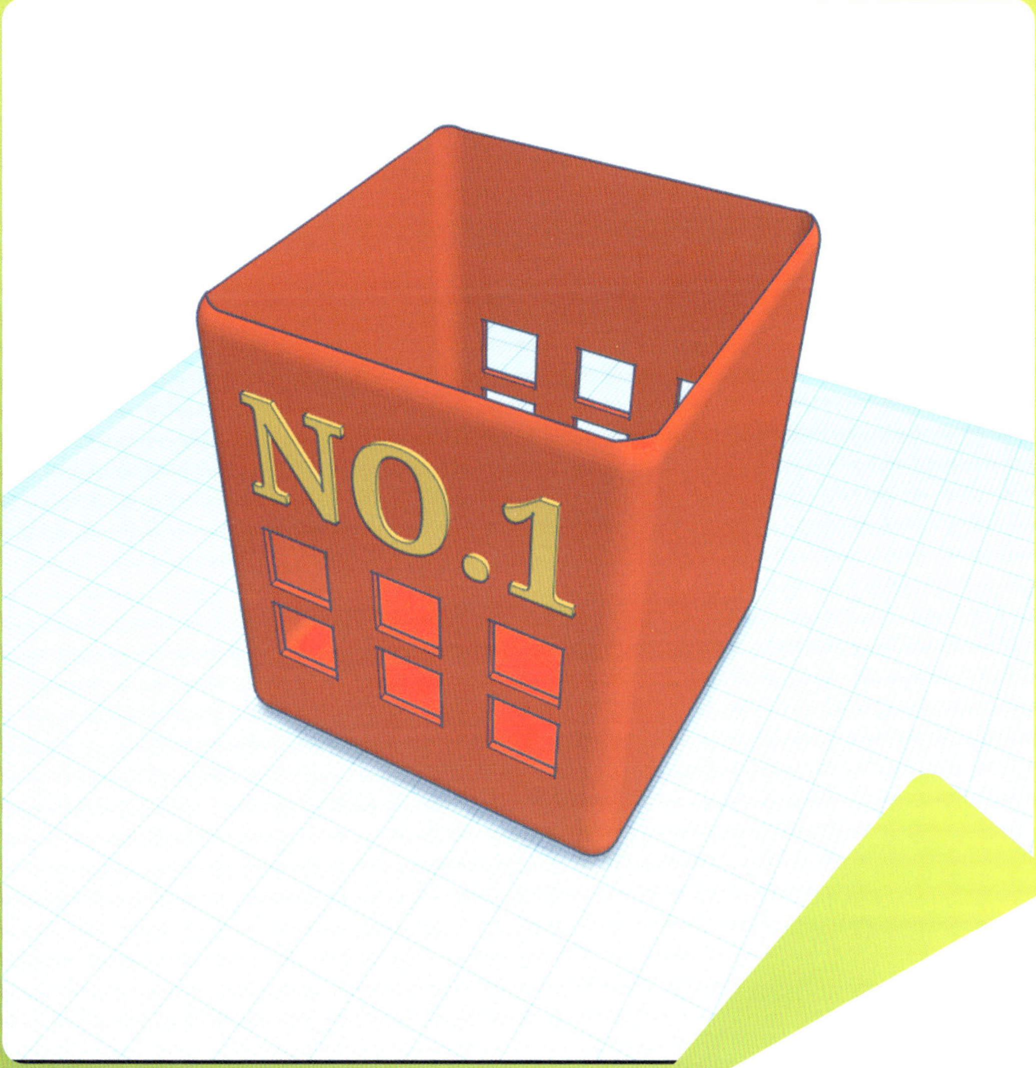

TINKERCAD DESIGN For 3D PRINTING

나만의 연필 꽂이 만들기

구멍내기를 활용하여 옆면에 다양한 구멍 모양을 만들어 봅니다.
작업 평면 도구를 사용하여 도형을 배치하는 방법을 알아봅니다.

TINKERCAD DESIGN For 3D PRINTING   SECTION 08

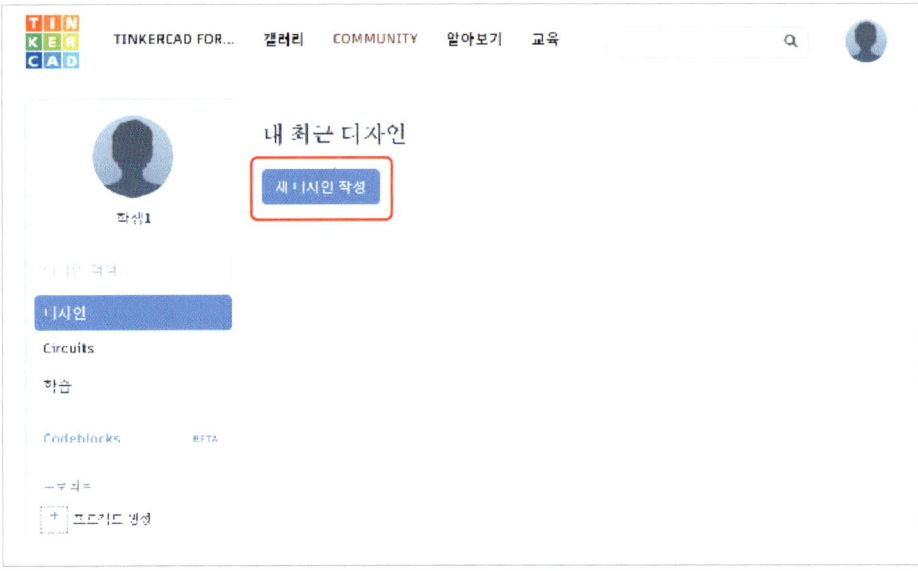

구글크롬 에서 틴커캐드 웹사이트(www.tinkercad.com)에 접속합니다.
로그인 후 대시보드의 새 디자인 작성 을 클릭합니다.

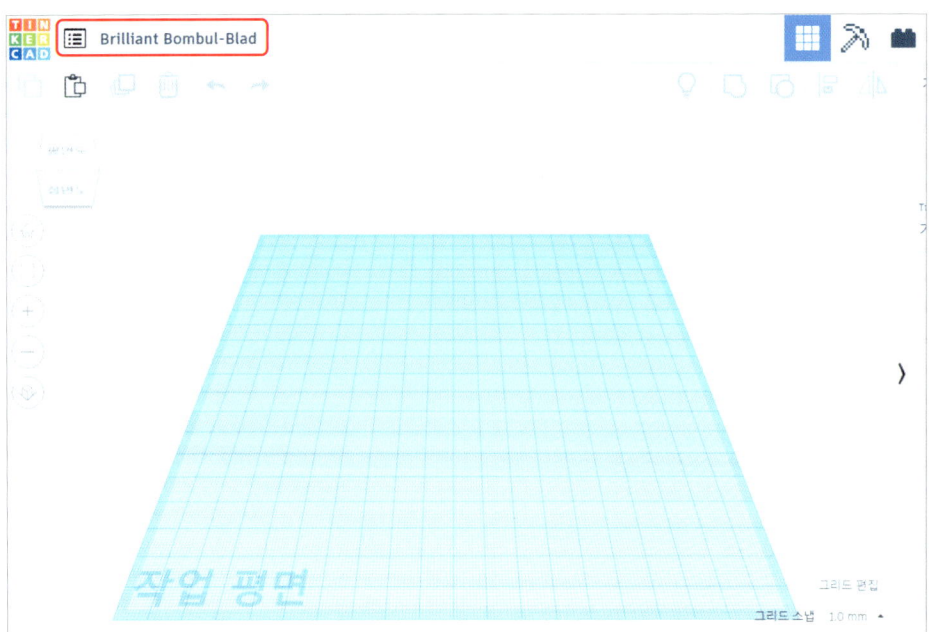

틴커캐드는 저장 버튼이 따로 없으며 웹에서 작업하고 모델링 작업파일 역시 인터넷 저장 공간에 자동으로 저장됩니다. 임의로 주어진 영어이름을 클릭하면 파일명을 수정할 수 있습니다.

TINKERCAD DESIGN For 3D PRINTING

SECTION 08

파일명을 "**연필 꽂이**"로 수정하고 엔터키 또는 화면의 빈 공간 아무 곳이나 클릭합니다.

 02

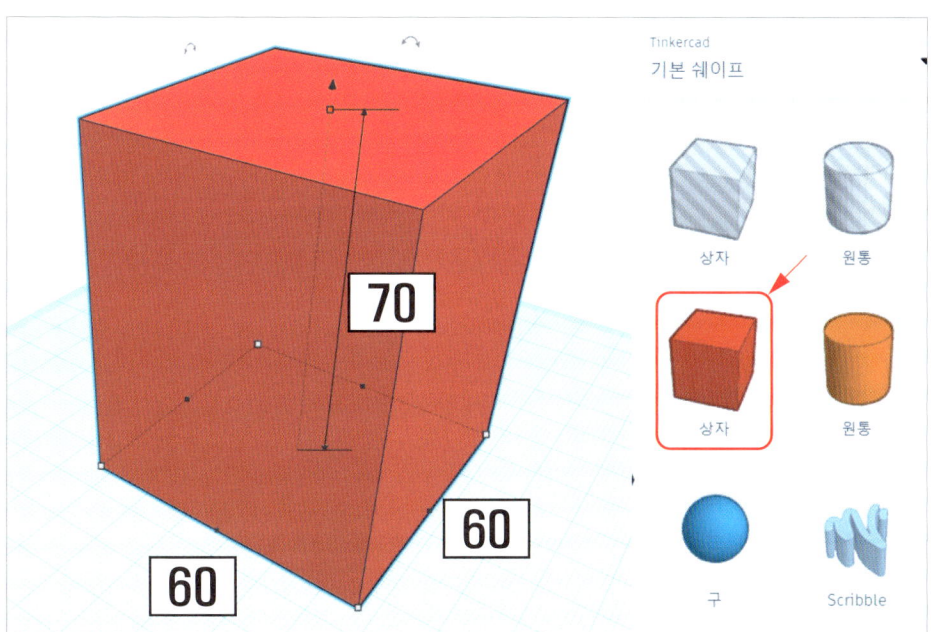

기본 쉐이프에서 상자를 선택하여 작업 평면에 놓고 사이즈를 조정합니다.
예 가로 60, 세로 60, 높이 70

TINKERCAD DESIGN For 3D PRINTING

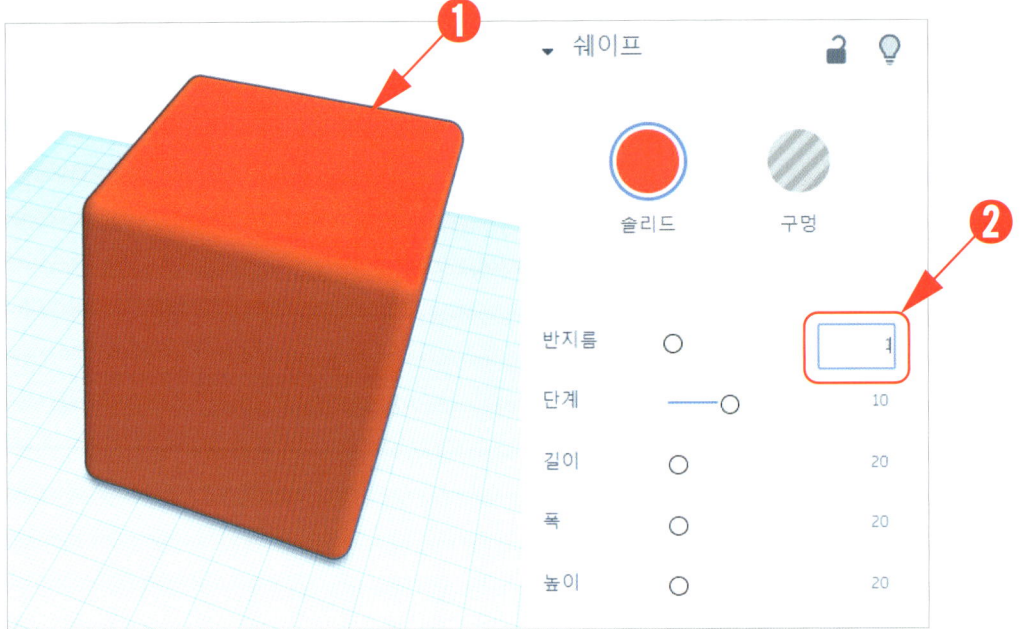

반지름은 1로 설정하여 모서리를 부드럽게 합니다.

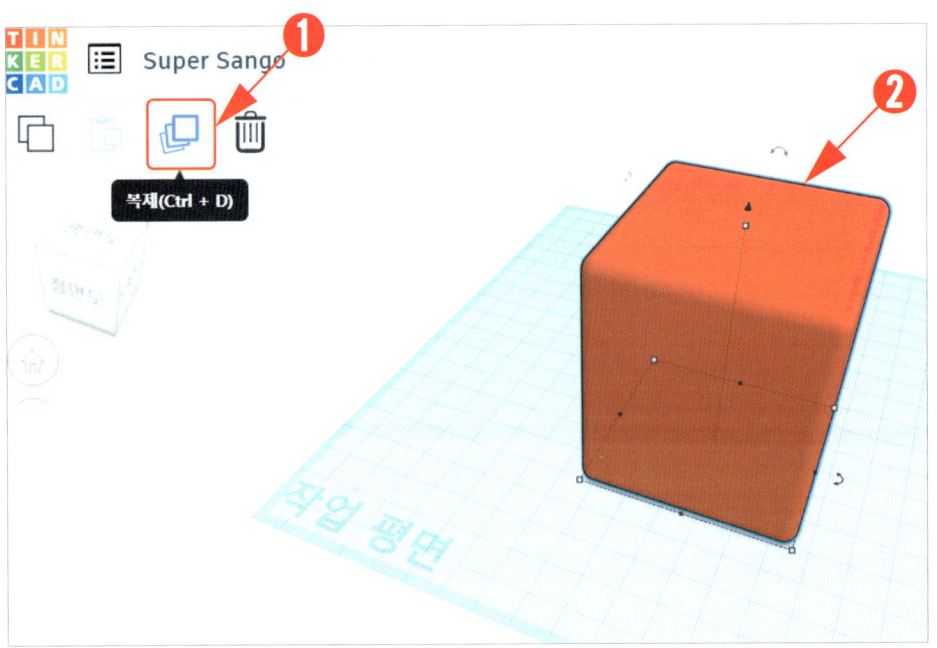

도형을 클릭하고 복제 아이콘을 클릭하거나 Crtl + D 키를 눌러서 도형을 복제합니다.

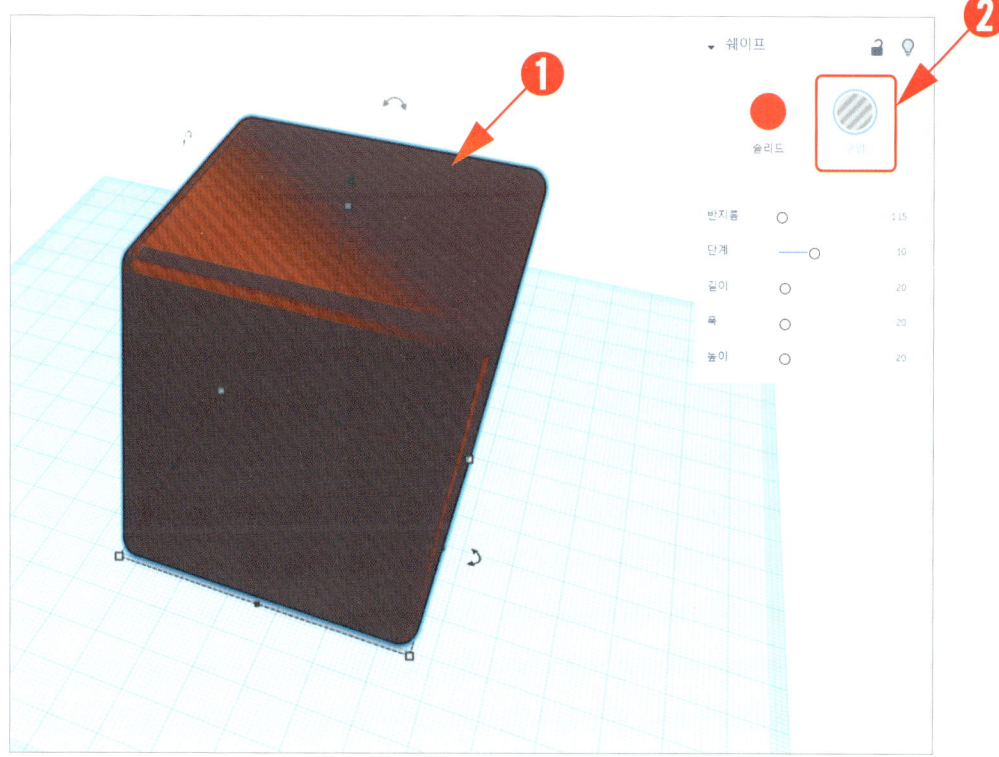

복제한 도형 형태를 '구멍'으로 바꿉니다.

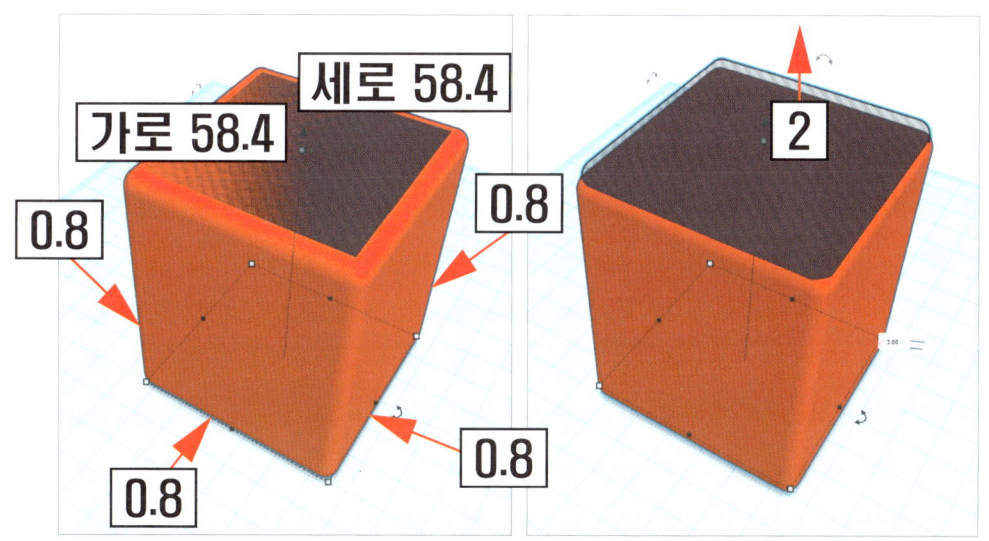

❶ 구멍 도형의 크기를 앞, 뒤, 좌우로 각각 -0.8씩 줄입니다.
❷ 구멍 도형의 크기는 가로 58.4, 세로 58.4이 됩니다.
❸ 구멍 도형을 바닥으로부터 2만큼 위쪽으로 이동시킵니다.

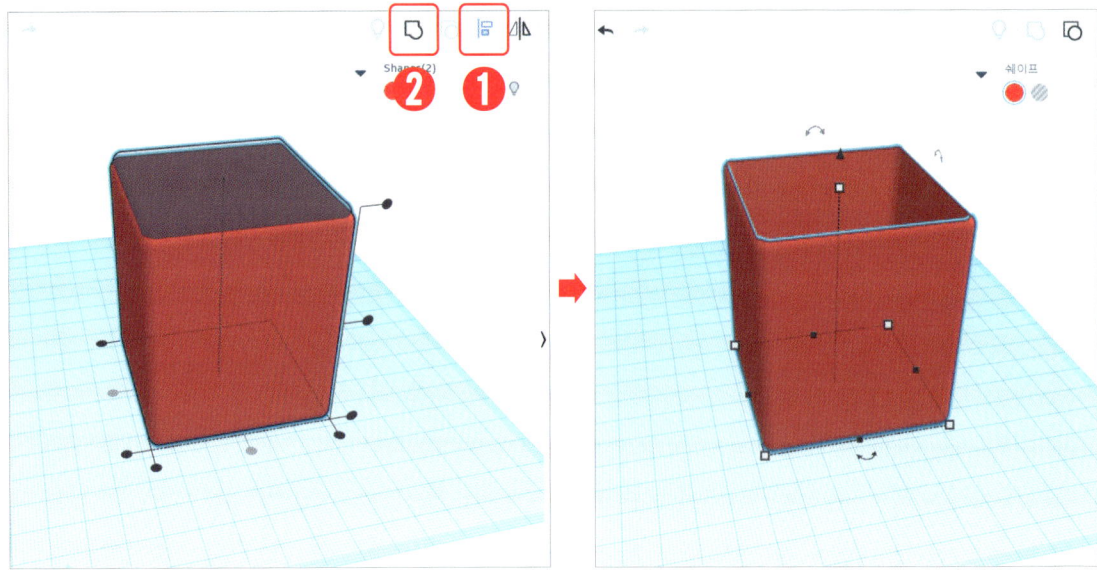

도형을 모두 선택하여 ❶ 정렬 버튼으로 가운데 정렬 후 ❷를 클릭하여 그룹화합니다.

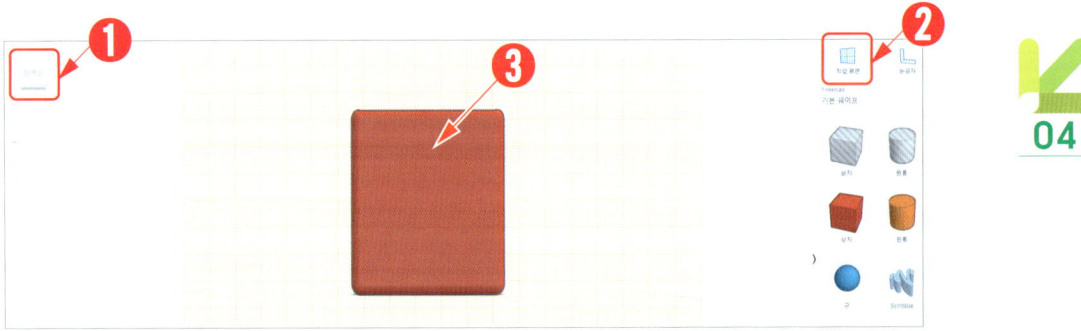

❶ 뷰박스의 정면도를 선택하여 본체 앞면이 정면으로 보이게 합니다.
❷ 작업 평면 아이콘을 클릭한 후 글씨를 넣을 평면을 선택합니다.

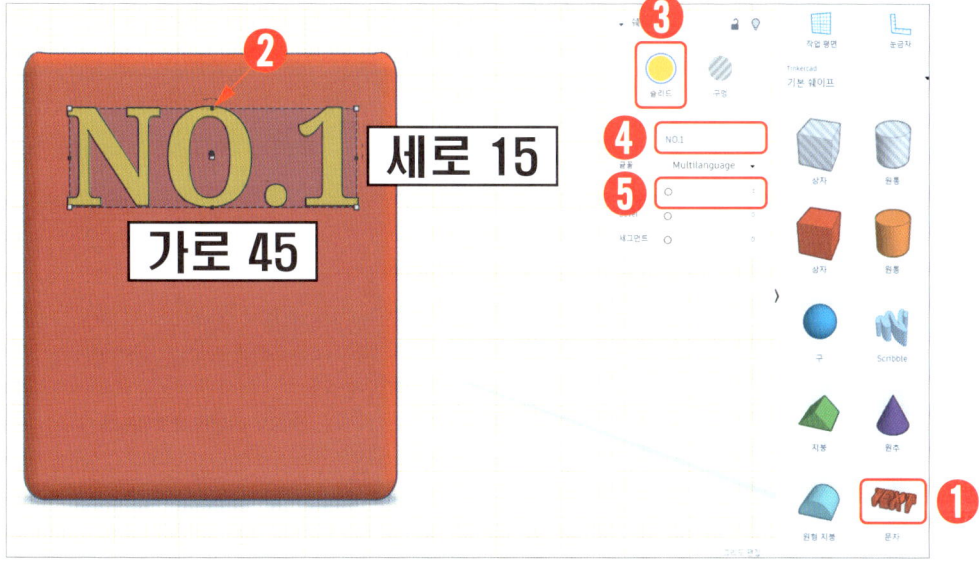

❶ 문자 아이콘을 클릭하고, 본체 앞면에서 글자를 넣을 곳에 클릭합니다.
❷ 글자의 색상을 본체와 구분이 쉽도록 다른 색으로 변경하고, 원하는 문자를 입력한 후, 높이를 1로 변경합니다.
❸ 글자의 가로, 세로 크기를 적당한 크기(예 가로 45, 세로 15)로 변경하고 위치를 조절합니다.

'투시 뷰'를 '직교 뷰'로 전환합니다. 직교뷰를 이용하면 도형을 정확한 위치에 배열할 수 있습니다.

TINKERCAD DESIGN For 3D PRINTING SECTION 08

배열한 상자의 크기를 조절합니다.
예 가로 10, 세로 10

① 그림과 같이 일정한 간격으로 복사하여 배열합니다.
예 상자 도형 6개, 상자와 상자 사이의 간격 = 작업 평면 눈금 5칸
② 배열을 완료하면 투시뷰로 전환합니다.

TINKERCAD DESIGN For 3D PRINTING　　　　　　　　　　　　　　　　　SECTION 08

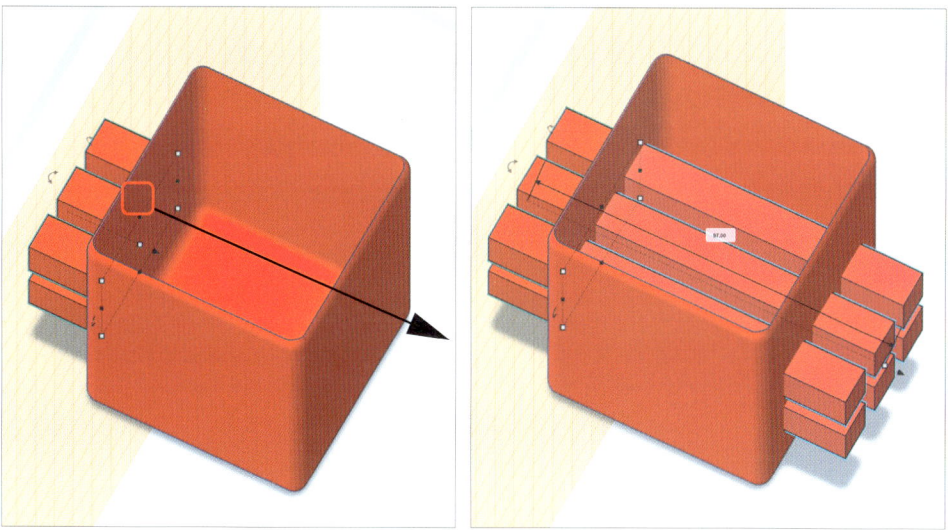

① 내부가 보이도록 시점을 변경하고 [Shift] 버튼을 누른 상태로 6개의 박스를 선택합니다.
② 가운데의 흰색 점을 끌어서 상자 도형이 본체의 반대편까지 통과하도록 합니다.

06

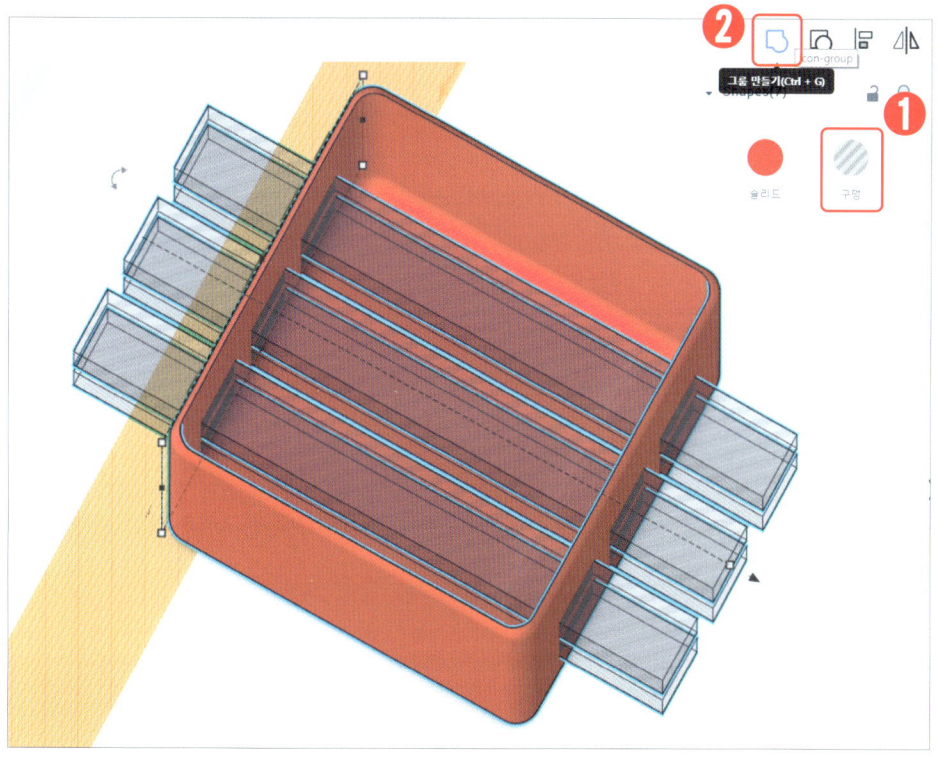

① 늘어난 상자 도형을 [Shift] 버튼을 누른 상태로 모두 선택하여 구멍 도형으로 만듭니다.
② [Shift] 버튼을 누른 상태로 본체와 구멍 도형을 모두 선택하여, 그룹 만들기를 합니다.

TINKERCAD DESIGN For 3D PRINTING

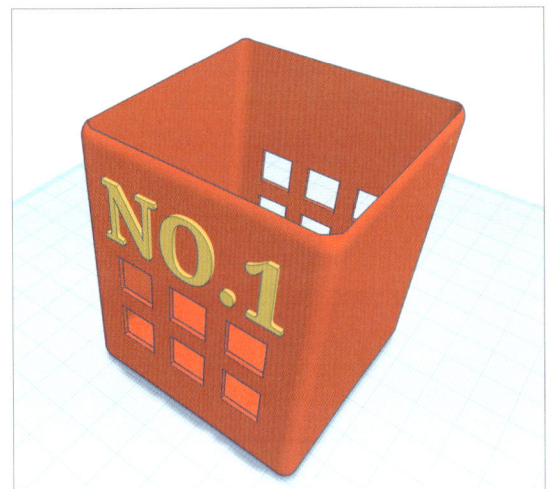

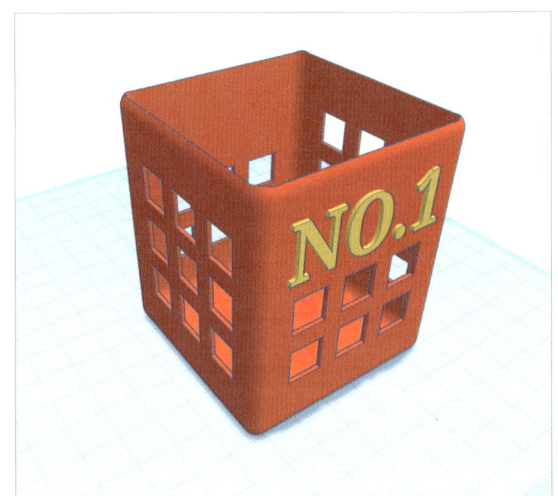

❶ 작업 평면을 바닥으로 클릭하고 완성 작품을 관찰해 봅시다.
❷ 옆면에도 같은 기능을 이용하여 멋지게 꾸며 봅시다.

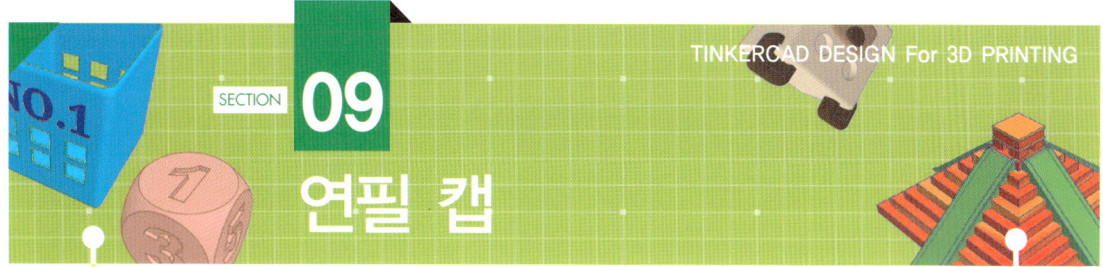

SECTION 09 연필 캡

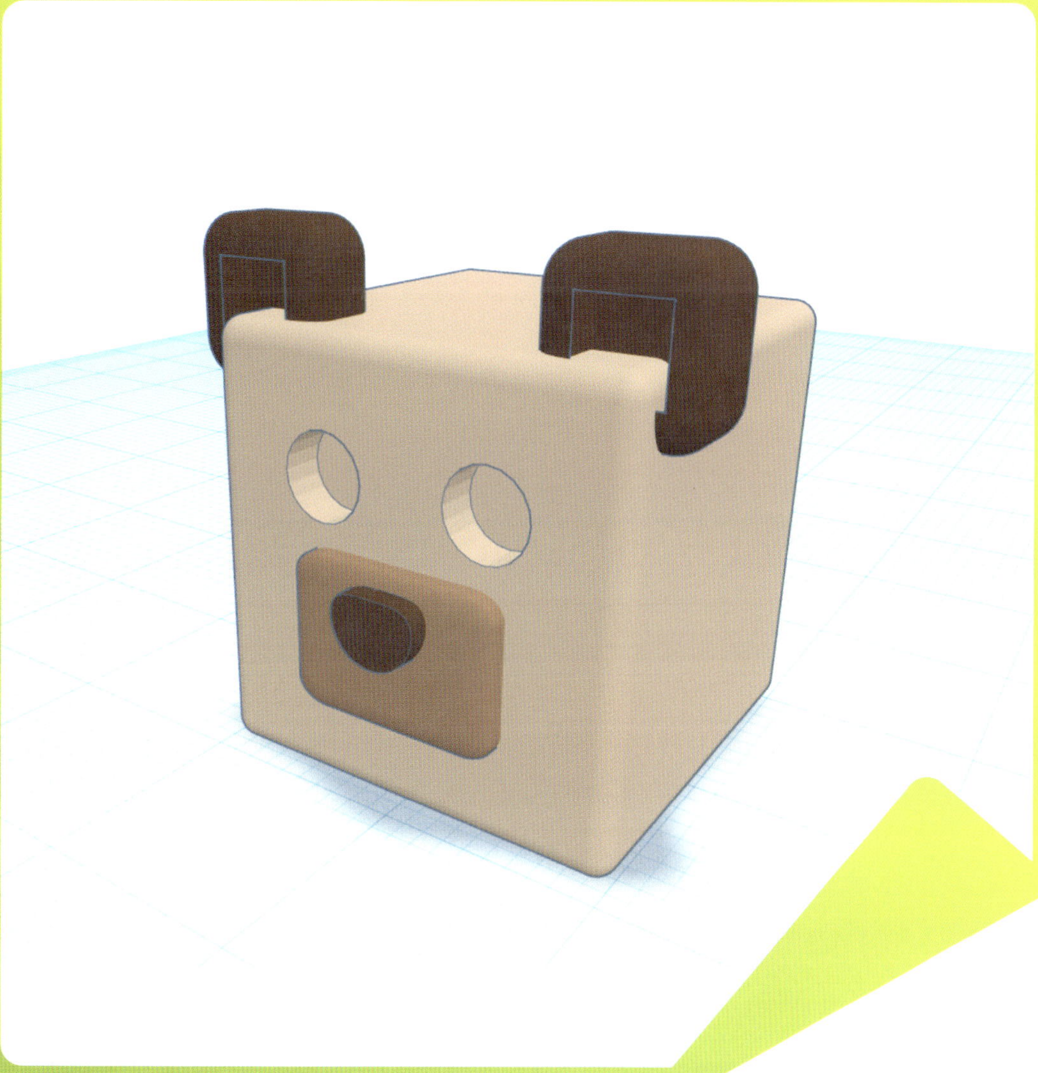

● **동물 모양 연필 캡 만들기**

필요한 물건의 용도에 맞춰 치수를 재어 설계하고 디자인합니다.
모델링한 도형의 색상 변경 기능을 활용하여 더욱 실감나게 작품을 구현해 봅시다.

TINKERCAD DESIGN For 3D PRINTING

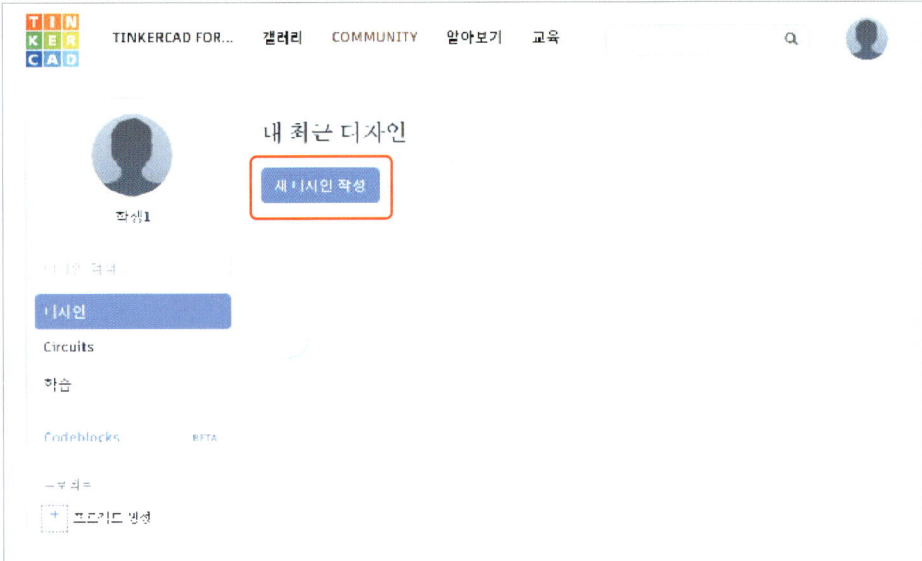

구글크롬 에서 틴커캐드 웹사이트(www.tinkercad.com)에 접속합니다.
로그인 후 대시보드의 [새 디자인 작성] 을 클릭합니다.

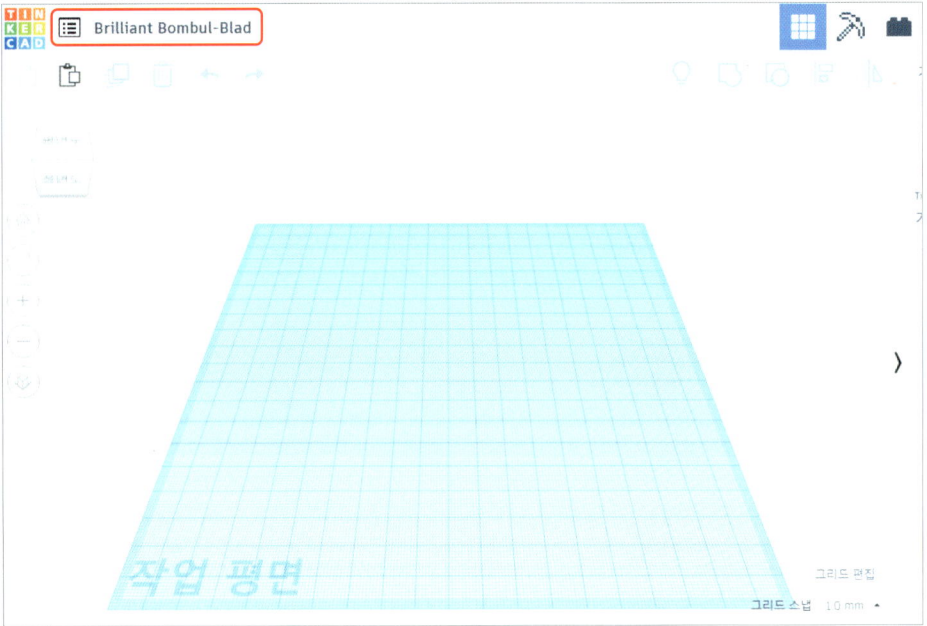

틴커캐드는 저장 버튼이 따로 없으며 웹에서 작업하고 모델링 작업파일 역시 인터넷 저장 공간에 자동으로 저장됩니다. 임의로 주어진 영어이름을 클릭하면 파일명을 수정할 수 있습니다.

TINKERCAD DESIGN For 3D PRINTING

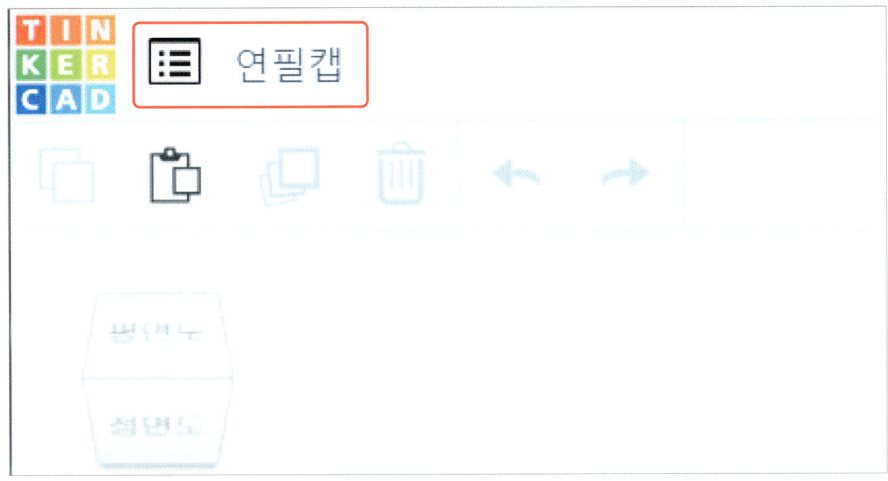

파일명을 "**연필 캡**"으로 수정하고 엔터키 또는 화면의 빈 공간 아무 곳이나 클릭합니다.

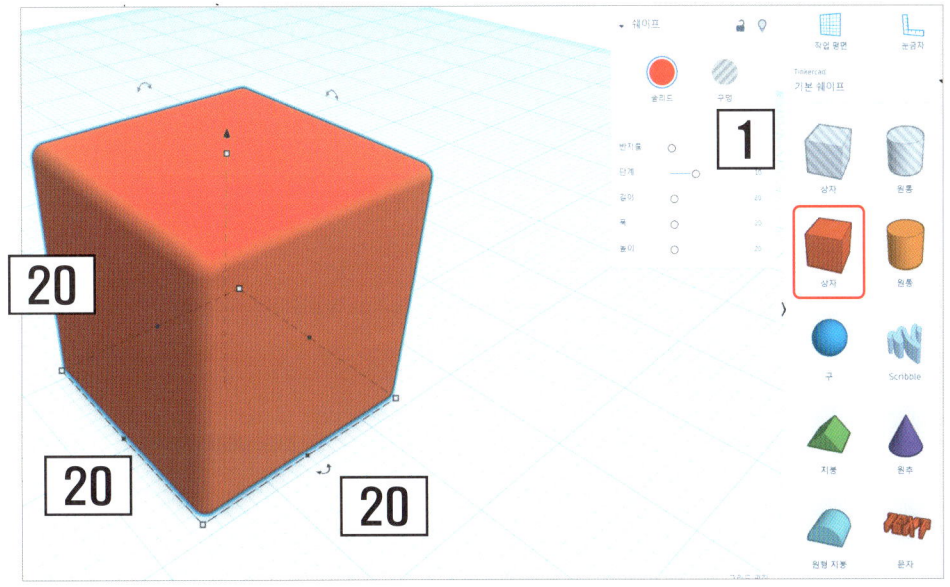

❶ 가로 20, 세로 20, 높이 20, 반지름 1의 상자를 만듭니다.

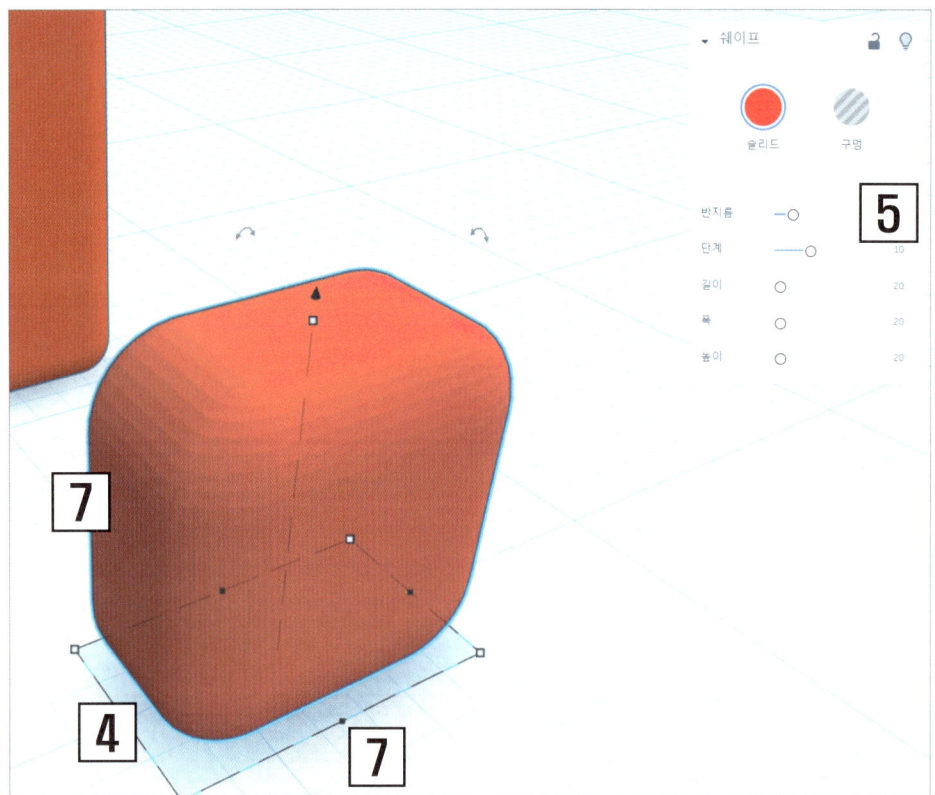

❷ 가로 7, 세로 4, 높이 7, 반지름 5의 상자를 만듭니다.

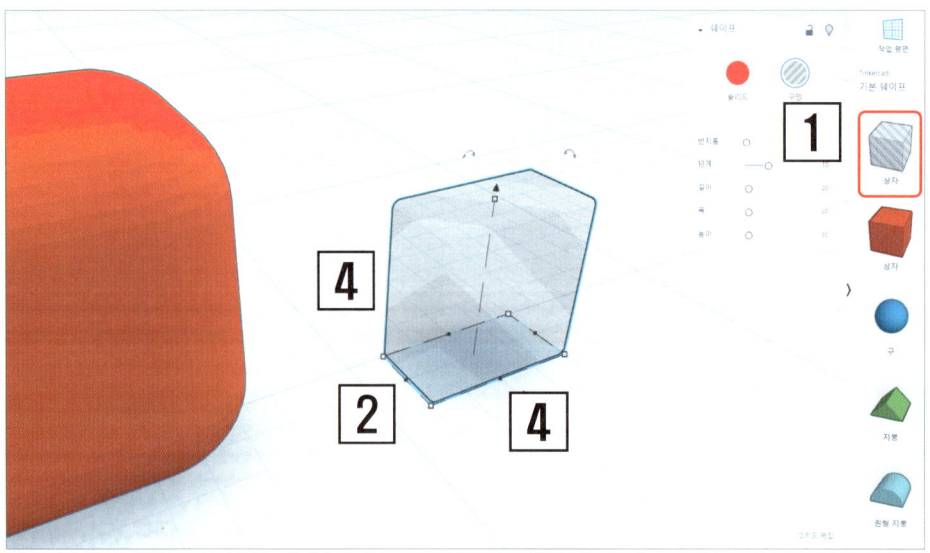

❸ 가로 4, 세로 2, 높이 4, 반지름 1의 상자를 만듭니다.

TINKERCAD DESIGN For 3D PRINTING

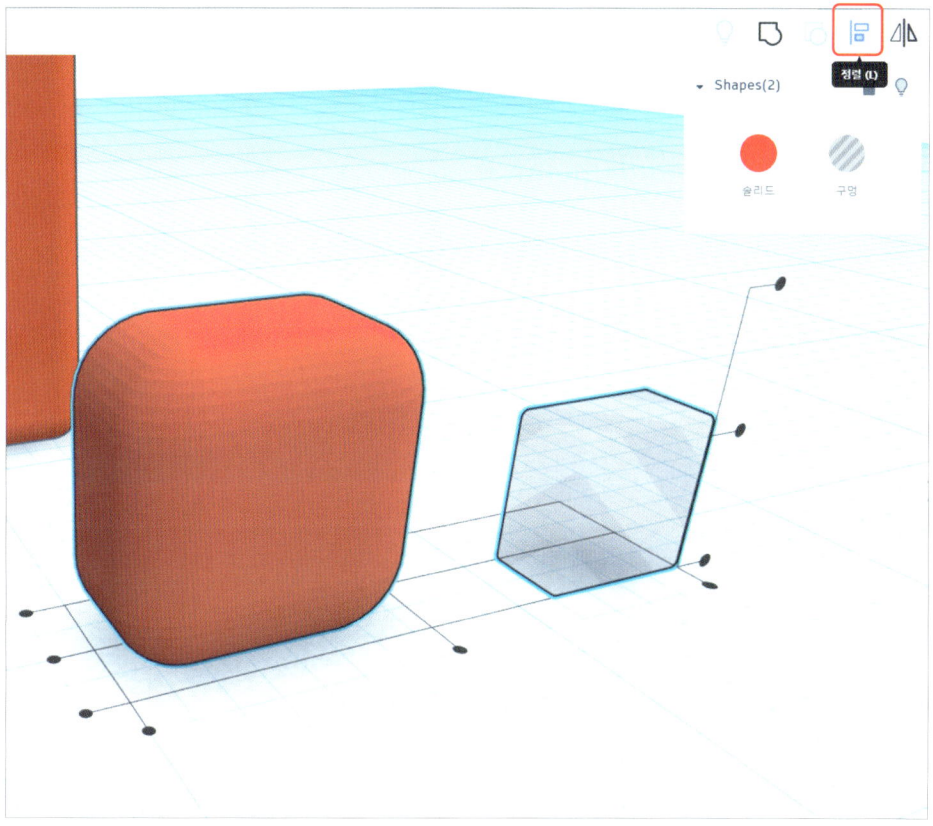

Shift 버튼을 누른 상태로 두 도형을 선택하고 정렬 버튼을 클릭합니다.

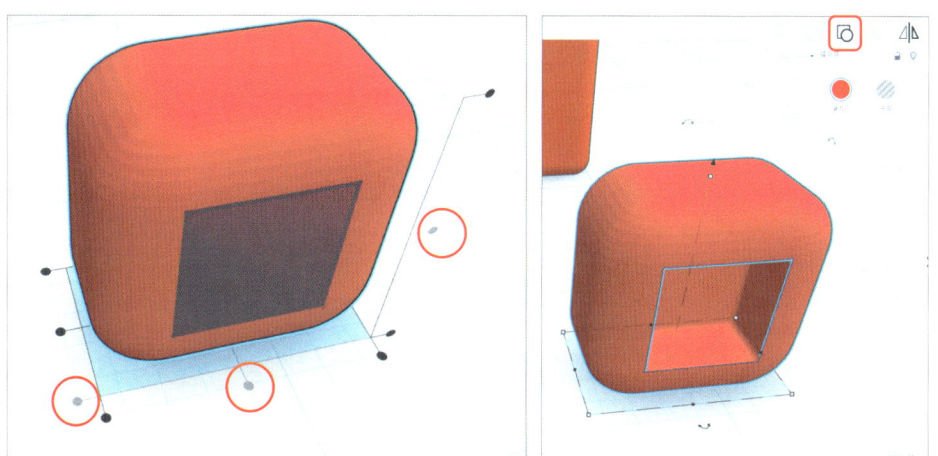

위 그림과 같이 2, 3번 상자를 정렬한 후 그룹화하여 귀 모양을 만듭니다.

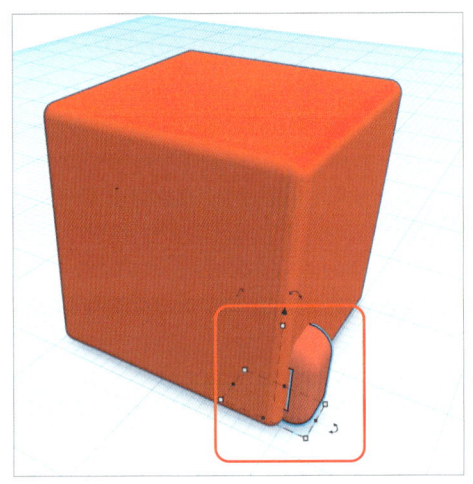 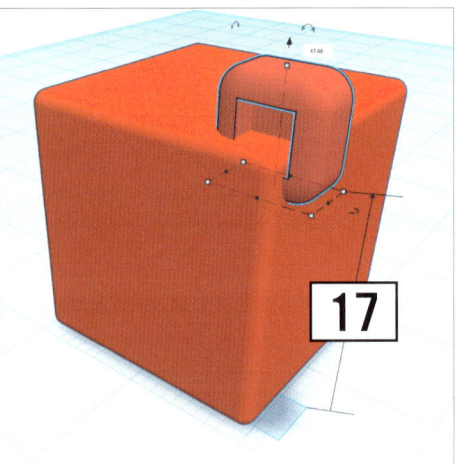

화살표를 드래그하거나 컨트롤+↑를 이용하여 작업 평면에서 띄워서 귀의 위치를 맞추어 줍니다.

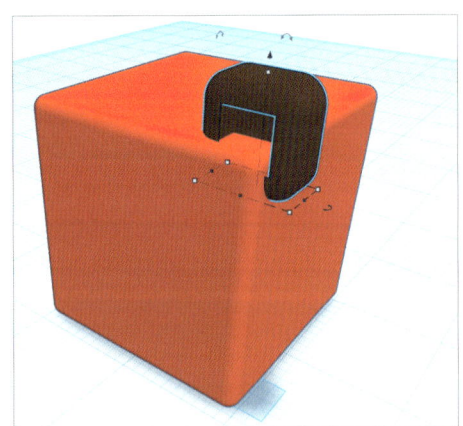

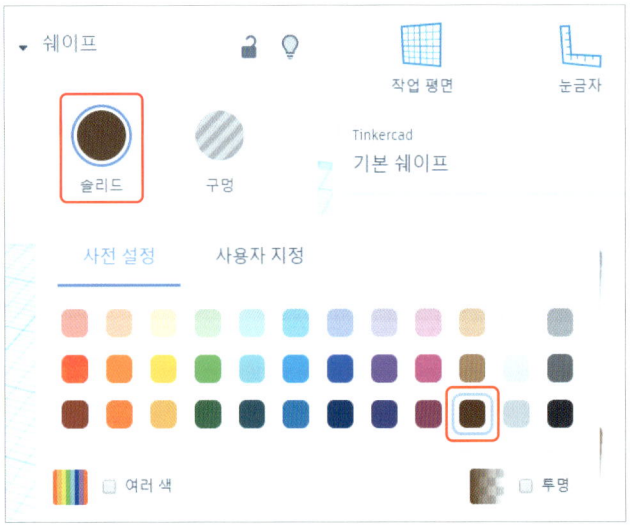

선택한 도형의 '쉐이프' 메뉴에서 둥근 색상표(솔리드)를 눌러 색상을 변경할 수 있습니다.

TINKERCAD DESIGN For 3D PRINTING　　　　　　　　　　　　　　SECTION 09

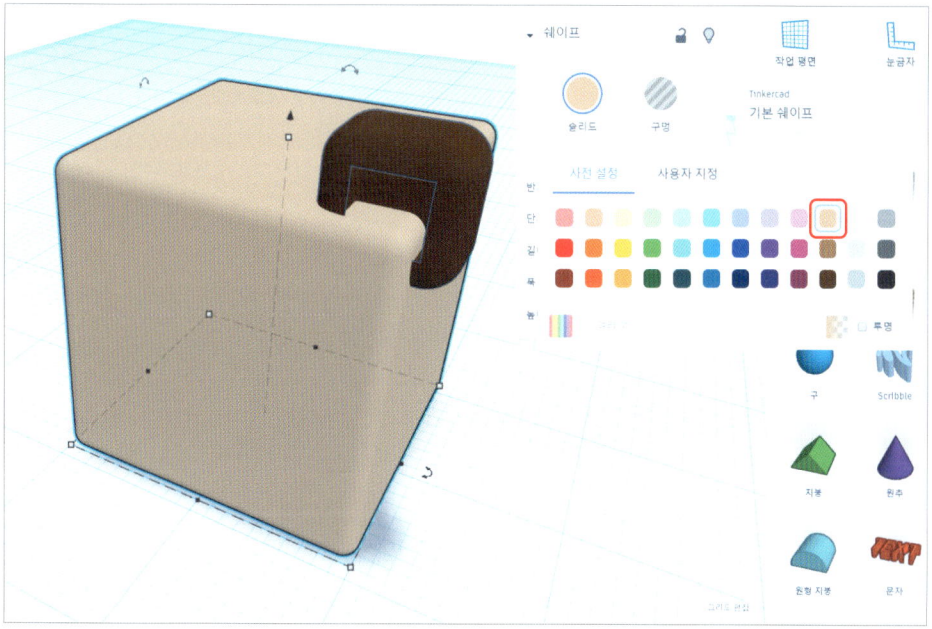

몸통 부분의 색상도 변경합니다.

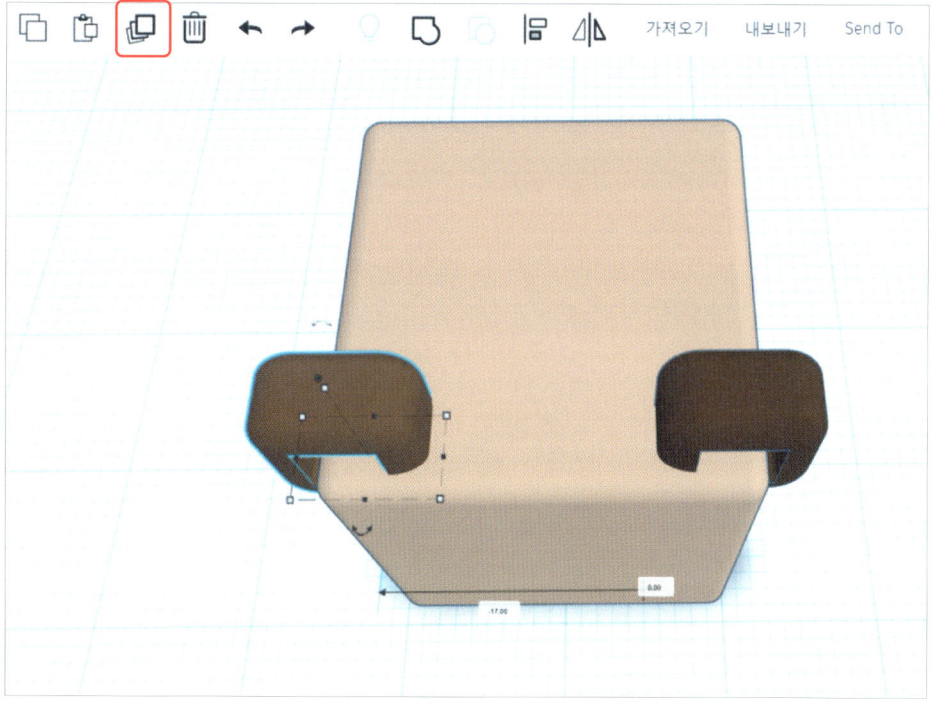

한쪽 귀를 선택하고 복제 아이콘을 클릭합니다. 화살표 키를 이용하여 그림처럼 반대쪽 귀의 위치로 반대편으로 이동시켜 줍니다.

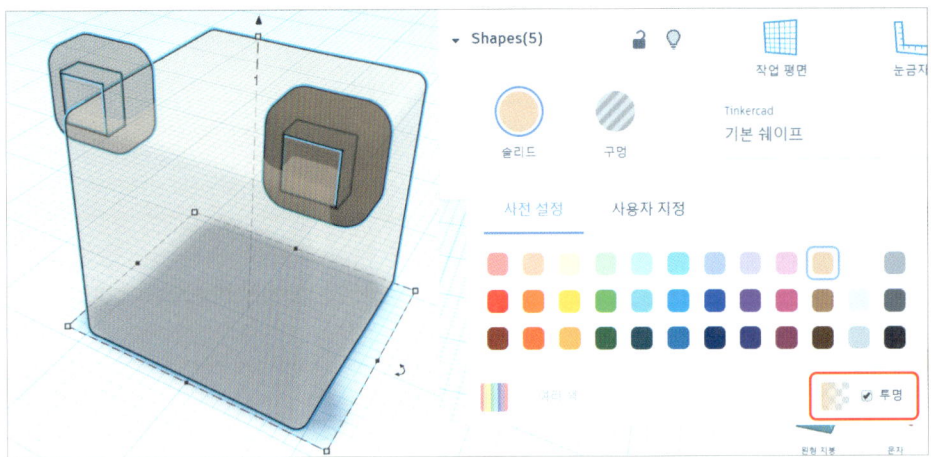

'**투명**'을 체크하면 도형을 투명하게 볼 수 있습니다. 도형 안의 또 다른 도형을 선택할 때 유용한 기능입니다.

눈을 만들기 위해 뷰박스의 정면도를 선택한 후, 작업 평면을 클릭하여 연필 캡의 전면을 클릭합니다. 그리고 직교뷰로 변경합니다.

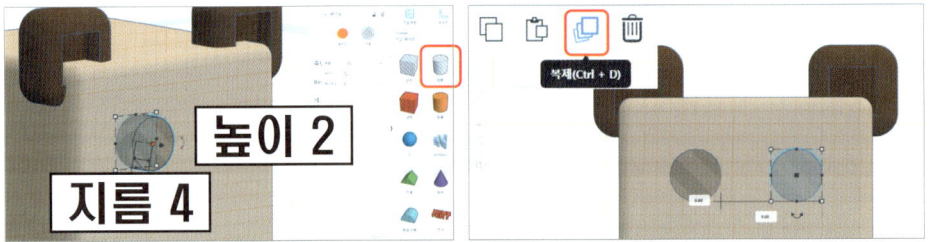

구멍 원통 도형을 선택하여 지름이 4, 높이 2인 눈을 만든 후, 적절한 위치에 두고 전체를 다시 그룹화합니다.

● 전체선택 단축키 `Crtl`+`A`   ● 그룹화 단축키 `Crtl`+`G`

TINKERCAD DESIGN For 3D PRINTING

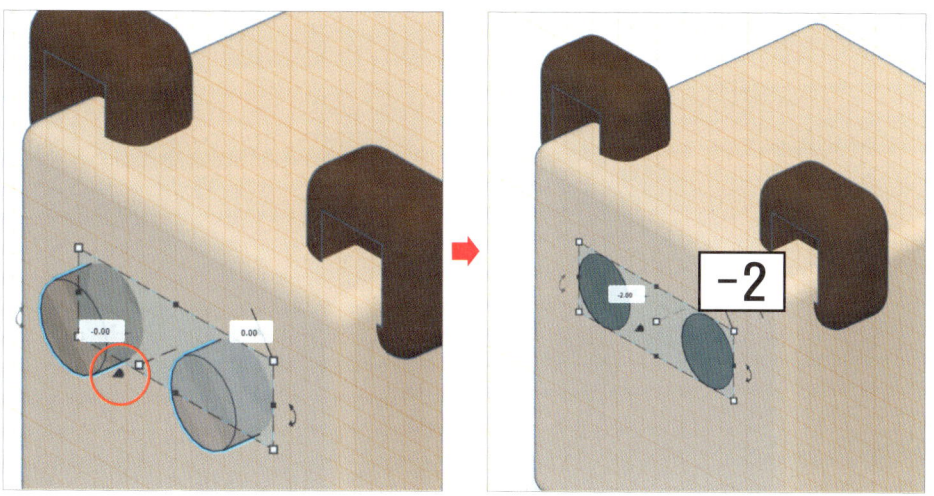

`Shift` 버튼을 클릭한 상태에서 눈 모양 도형을 각각 클릭하여 전체 선택한 후 화살표를 드래그하여 안쪽으로 −2 만큼 넣어서 완전히 겹쳐지게 놓습니다.

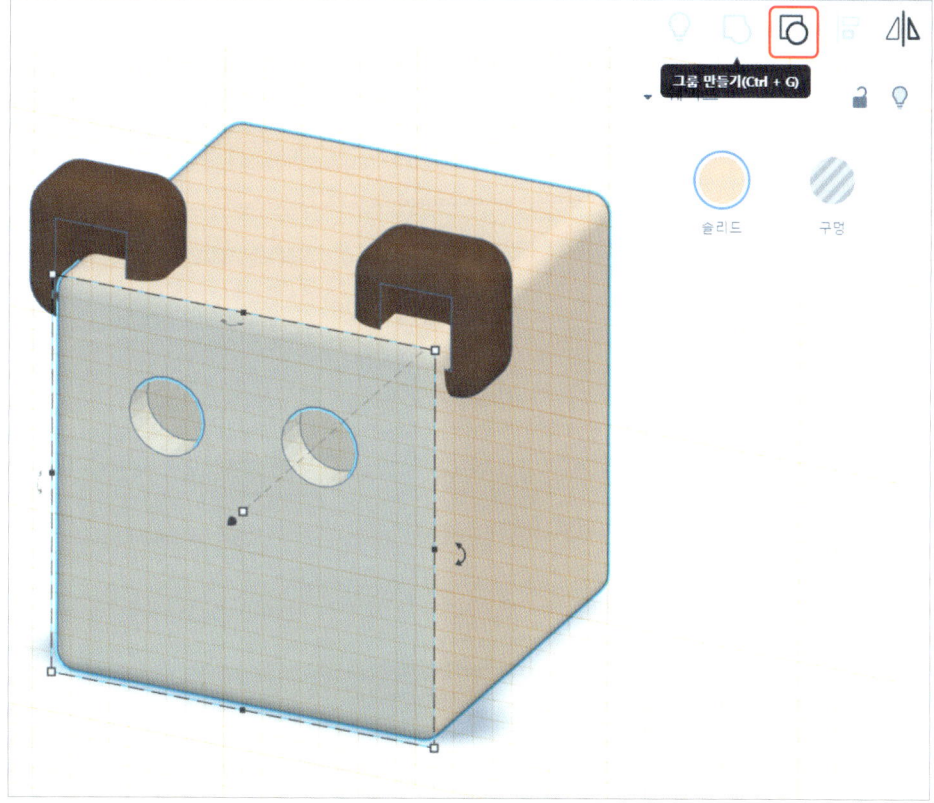

`Shift` 버튼을 클릭한 상태에서 눈 모양 도형과 본체를 각각 클릭하여 그룹화합니다.

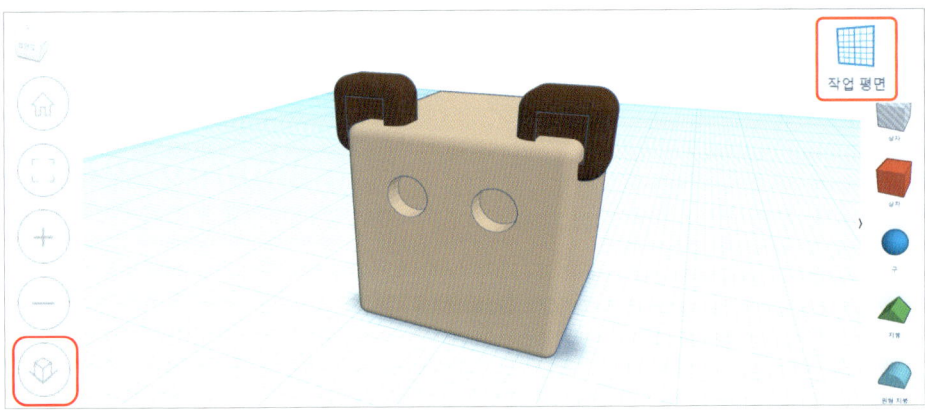

작업 평면을 클릭하고 바닥면의 작업 평면을 선택합니다. 이어서 투시뷰를 클릭합니다.

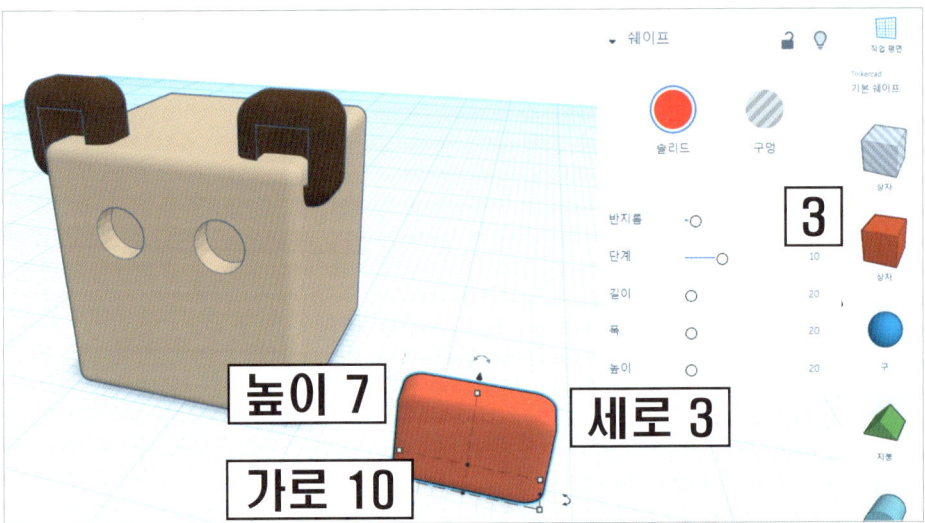

상자(가로 10, 세로 3, 높이 7, 반지름 3)를 만듭니다.

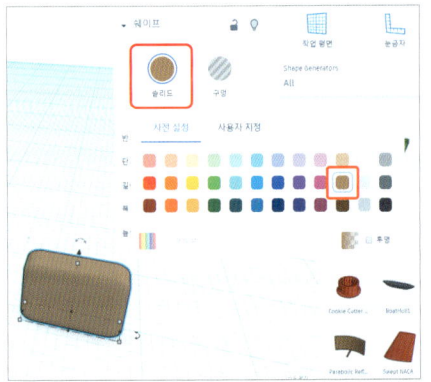
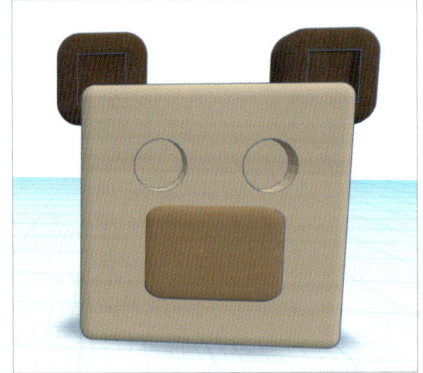

입 부분의 도형 색상을 넣어주고 알맞은 위치에 옮겨 놓습니다.

TINKERCAD DESIGN For 3D PRINTING

SECTION 09

06

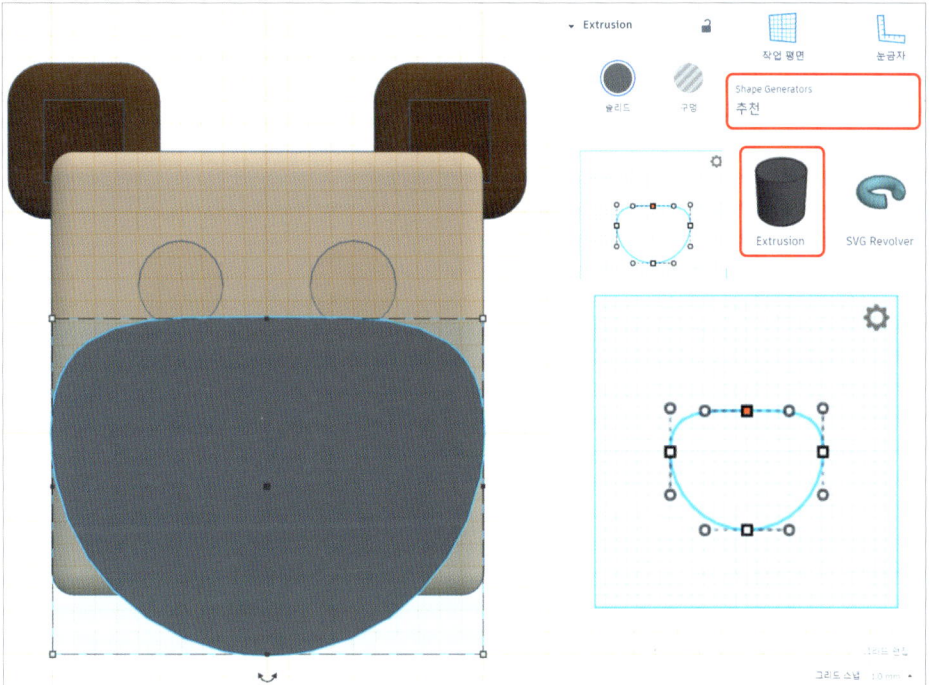

추천 도형 탭을 선택하면 보이는 'Extrusion'을 선택하고 가로 4, 세로 3, 높이 1로 만들고 색상을 변경해 봅시다.

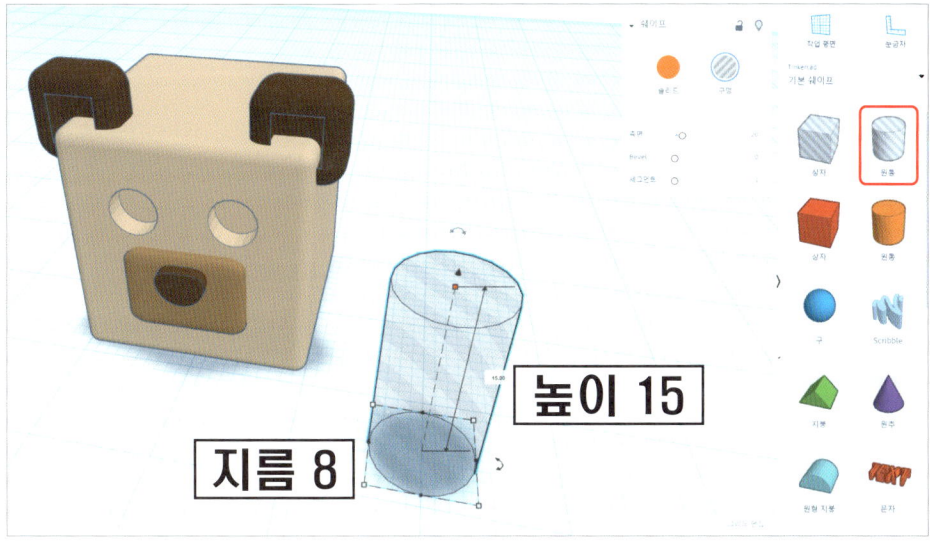

연필이 들어갈 구멍 원통을 만듭니다. (지름 8, 높이 15)

 TINKERCAD DESIGN For 3D PRINTING

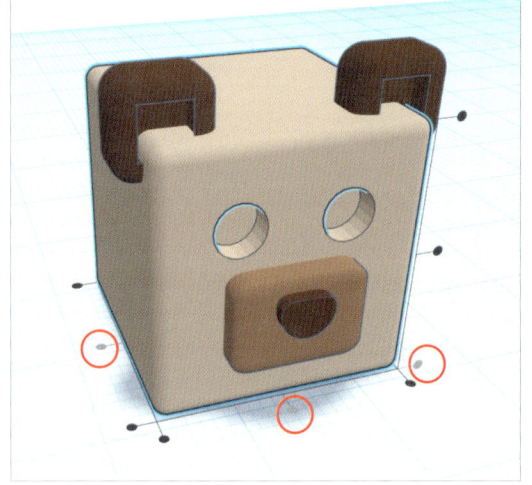

작업한 연필 캡과 구멍 원통을 아래쪽 가운데 정렬합니다.

Shift 버튼을 누른 상태에서 본체와 구멍 도형을 선택하고 그룹화 시킵니다.

TINKERCAD DESIGN For 3D PRINTING

도|전|과|제

- 다른 모양의 연필 캡도 만들어 봅시다.

SECTION 10 알림판 / 도어사인

TINKERCAD DESIGN For 3D PRINTING

● 알림판 / 도어사인 만들기

여러 가지 알림판을 만들어 봅시다.
생각한 디자인을 모델링하고 출력하면 흡착판으로 붙일 수도 있습니다.

TINKERCAD DESIGN For 3D PRINTING

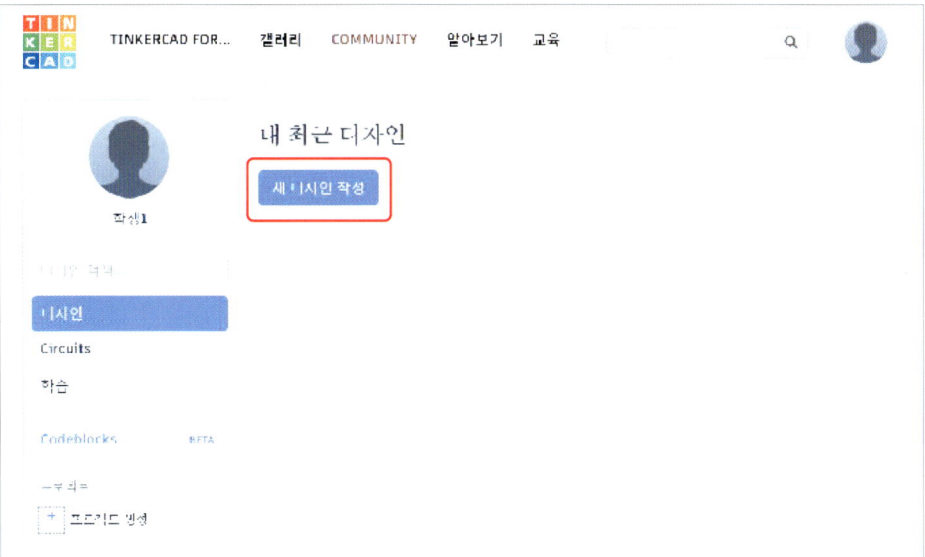

구글크롬 에서 틴커캐드 웹사이트(www.tinkercad.com)에 접속합니다.
로그인 후 대시보드의 새 디자인 작성 을 클릭합니다.

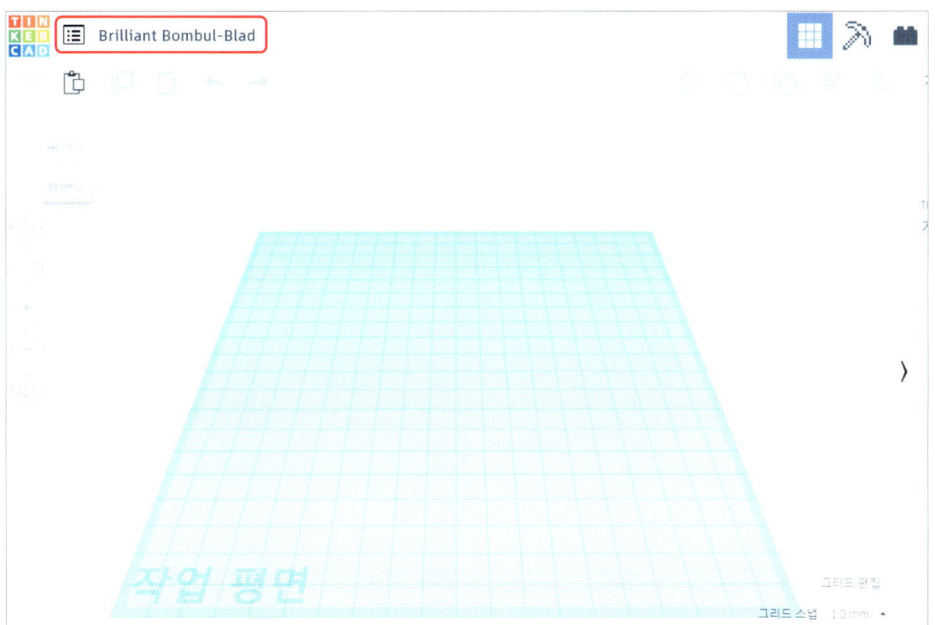

틴커캐드는 저장 버튼이 따로 없으며 웹에서 작업하고 모델링 작업파일 역시 인터넷 저장 공간에 자동으로 저장됩니다. 임의로 주어진 영어이름을 클릭하면 파일명을 수정할 수 있습니다.

TINKERCAD DESIGN For 3D PRINTING

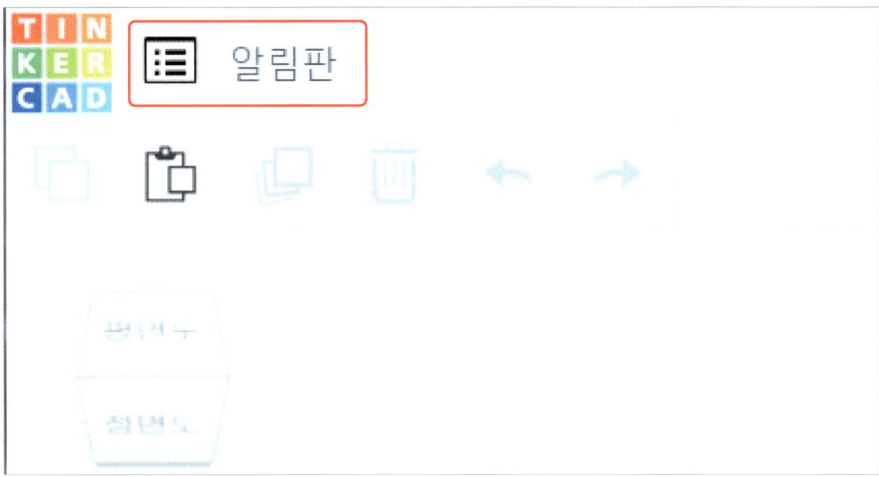

파일명을 "**알림판**"으로 수정하고 엔터키 또는 화면의 빈 공간 아무 곳이나 클릭합니다.

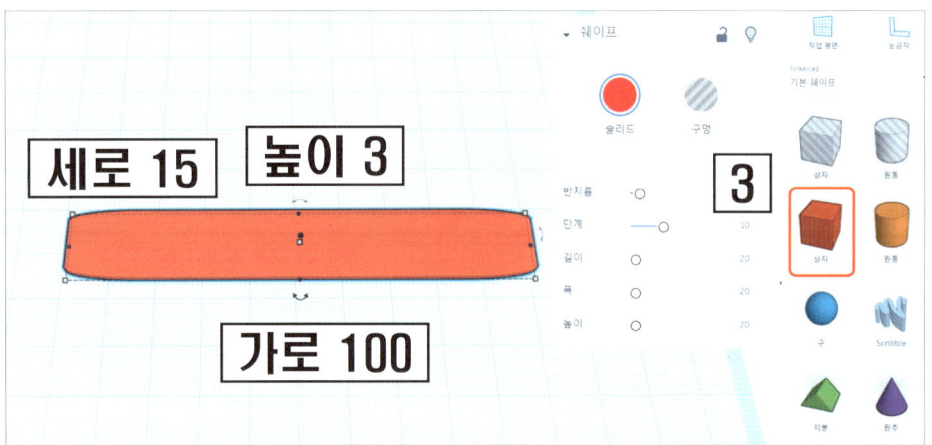

기본 쉐이프에서 상자를 가져와 밑판을 만듭니다.(가로 100, 세로 15, 높이 3, 반지름 3)

TINKERCAD DESIGN For 3D PRINTING SECTION 10

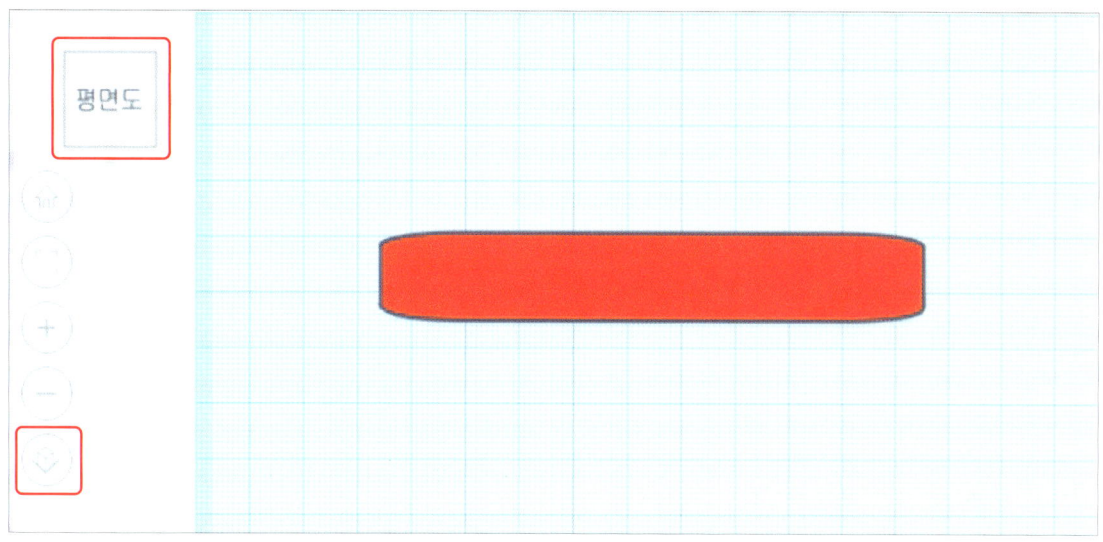

구멍을 내기 위해 뷰박스의 평면도를 선택한 후, 직교뷰로 변경합니다.

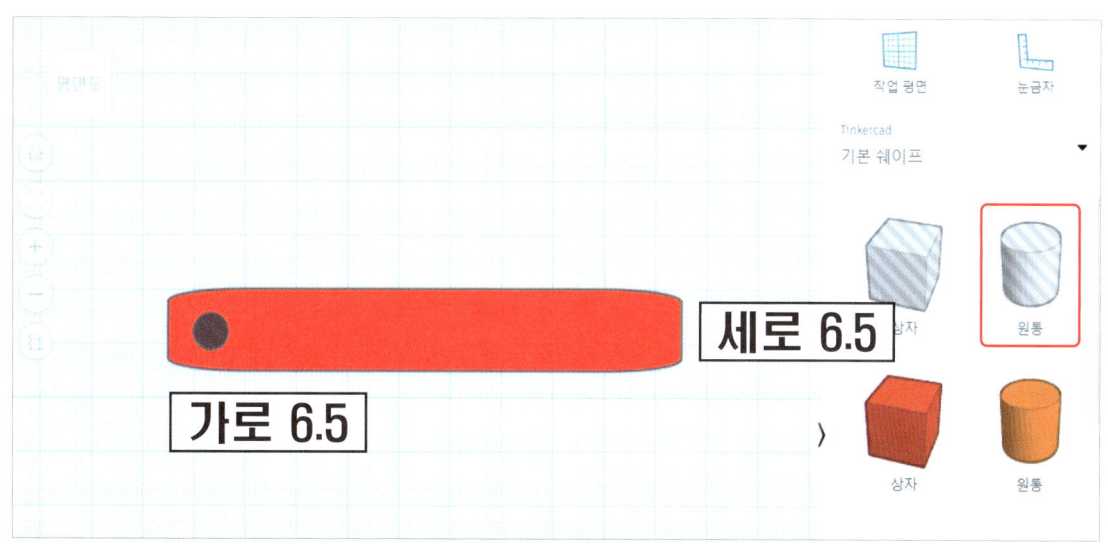

흡착판을 끼울 수 있도록 밑판에 끼움 구멍을 만들어 줍니다.
예 가로 6.5, 세로 6.5

Crtl + D (복제하기)기능으로 구멍 도형을 복제하여 반대편에 위치시킵니다.

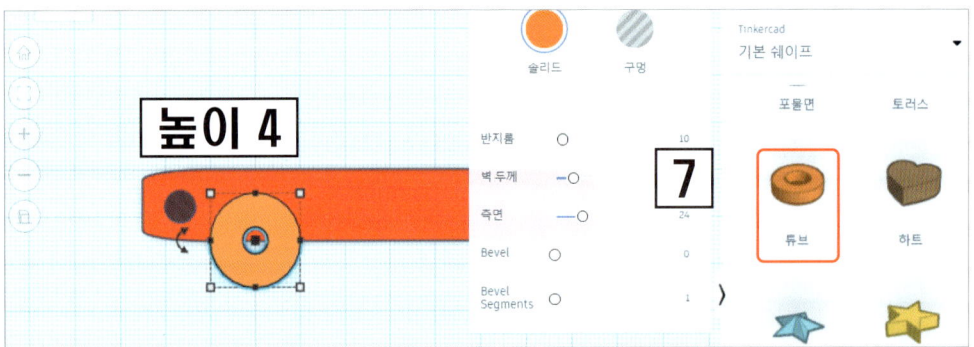

기본 쉐이프에서 '튜브'를 선택하여 가져다 놓습니다. 튜브 도형은 높이를 4, 지름 20으로 만들고, 튜브 메뉴의 벽두께를 조절하여 타이어 모양을 만듭니다.

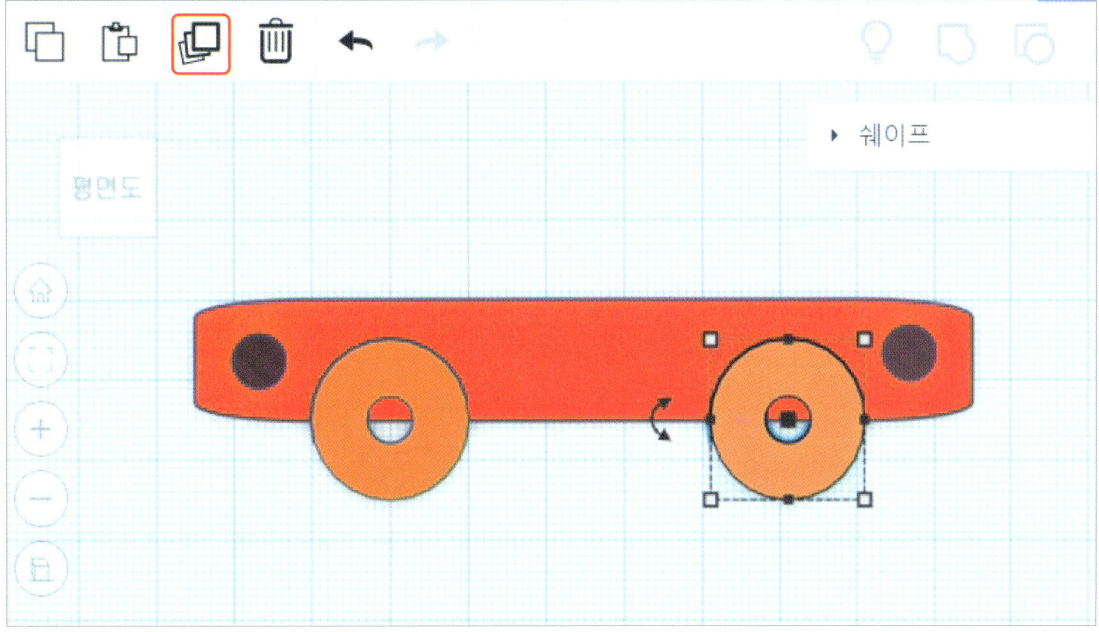

Crtl + D (복제하기)기능으로 타이어 모양을 복제하여 반대편에 위치시킵니다.

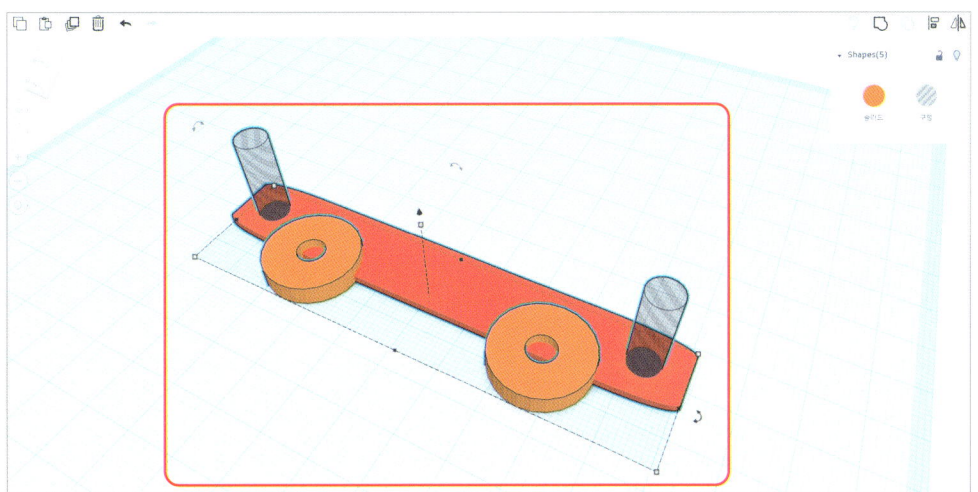

마우스를 드래그 하거나 Crtl + A 를 눌러 전체 도형을 선택합니다.

TINKERCAD DESIGN For 3D PRINTING

SECTION 10

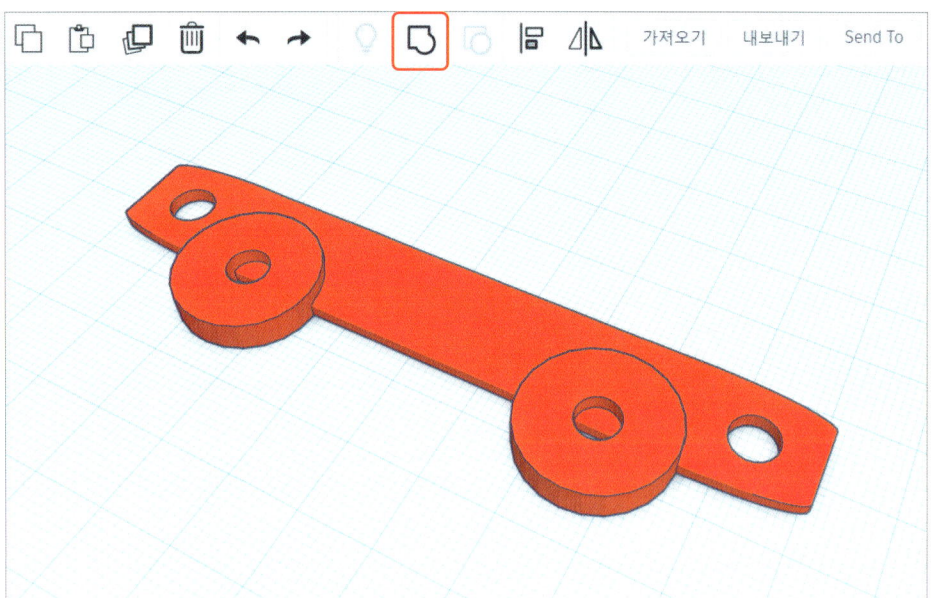

그룹화를 진행하면 한가지 색상으로 바뀌게 됩니다.

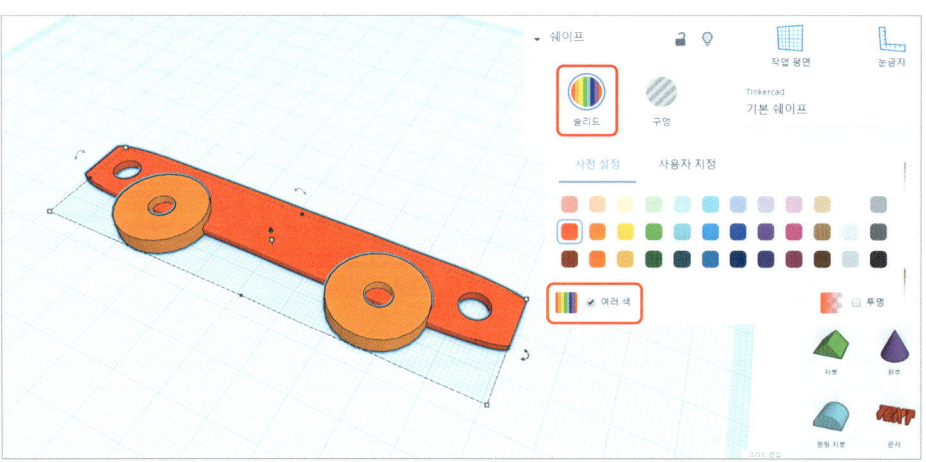

색상을 표현하기 위해 메뉴의 솔리드를 클릭하고 '여러 색'을 체크해 줍니다.

TINKERCAD DESIGN For 3D PRINTING

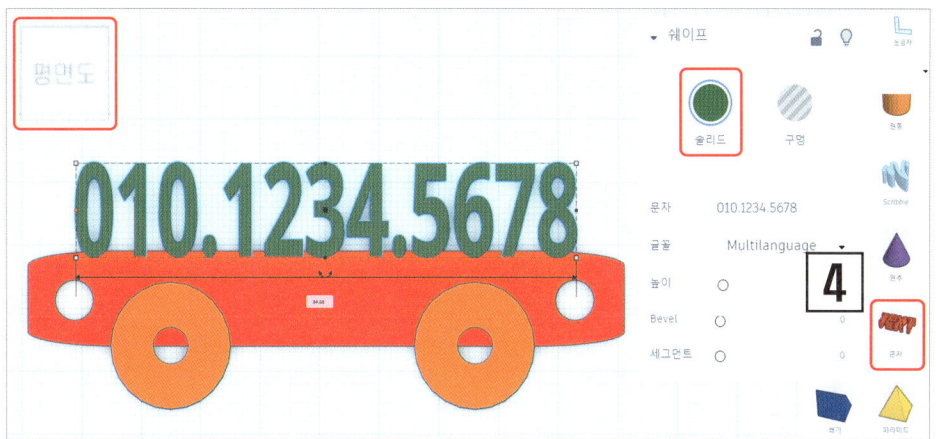

뷰박스를 평면도로 놓고 기본 쉐이프에서 '문자'를 선택하여 연락처를 입력합니다.
(그림과 같이 가로, 세로 크기를 정하고 높이는 4로 합니다.)

알림판 중앙에도 텍스트 기능을 이용하여 메시지를 넣어봅시다.

완성

도|전|과|제

- 우리 주변의 여러 가지 알림판을 찾아보고, 나에게 필요한 알림판을 만들어 봅시다.

SECTION 11 빙글빙글 팽이

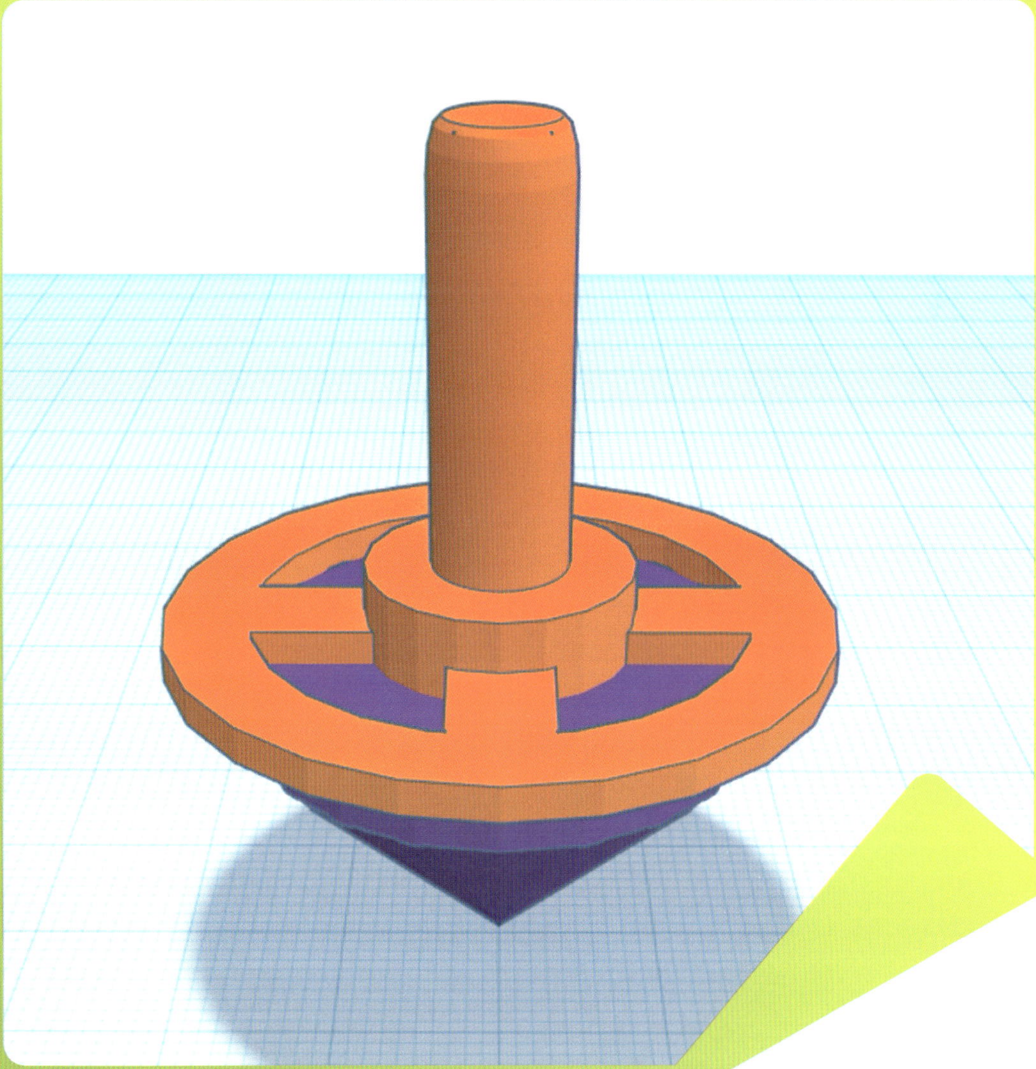

TINKERCAD DESIGN For 3D PRINTING

● 팽이 만들기

팽이는 전통적인 장난감으로 하나의 고정된 축으로 균형을 잡고 회전합니다.
손잡이 부분과 원뿔 부분을 분리하여 모델링한 후 각각 출력하여 완성해 봅니다.

TINKERCAD DESIGN For 3D PRINTING   SECTION 11

01

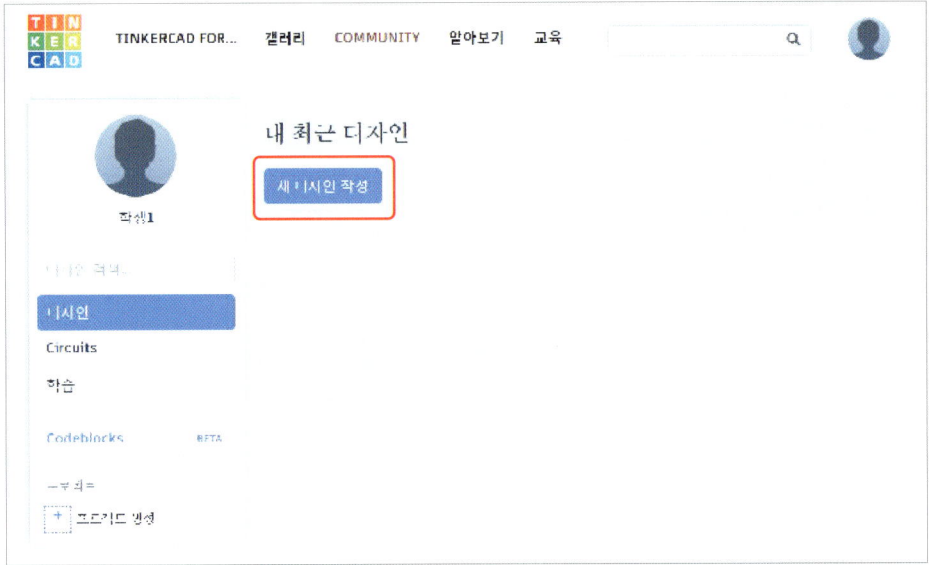

구글크롬 에서 틴커캐드 웹사이트(www.tinkercad.com)에 접속합니다.
로그인 후 대시보드의 새 디자인 작성 을 클릭합니다.

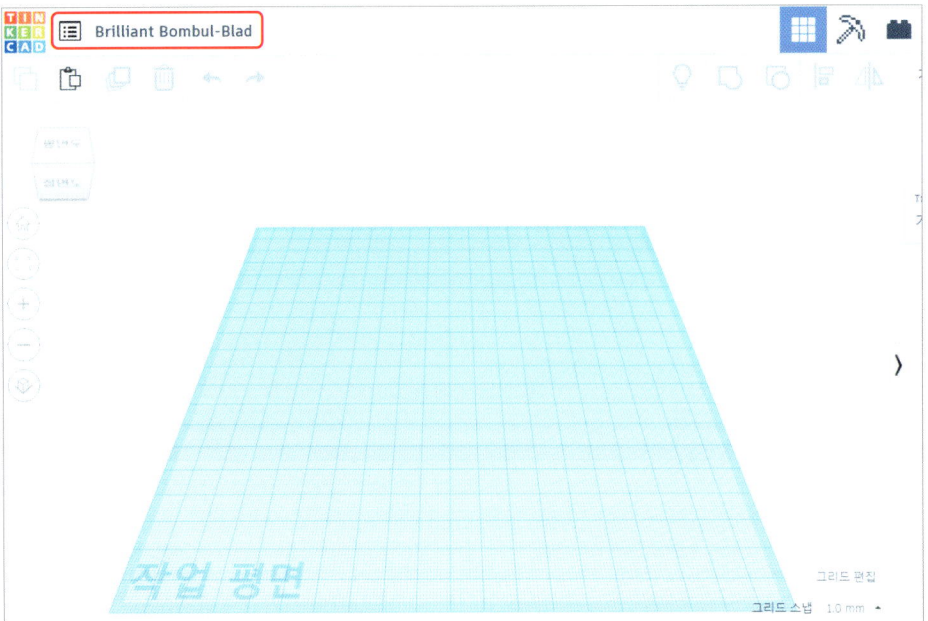

틴커캐드는 저장 버튼이 따로 없으며 웹에서 작업하고 모델링 작업파일 역시 인터넷 저장 공간에
자동으로 저장됩니다. 임의로 주어진 영어이름을 클릭하면 파일명을 수정할 수 있습니다.

TINKERCAD DESIGN For 3D PRINTING

파일명을 "**팽이**"로 수정하고 엔터키 또는 화면의 빈 공간 아무 곳이나 클릭합니다.

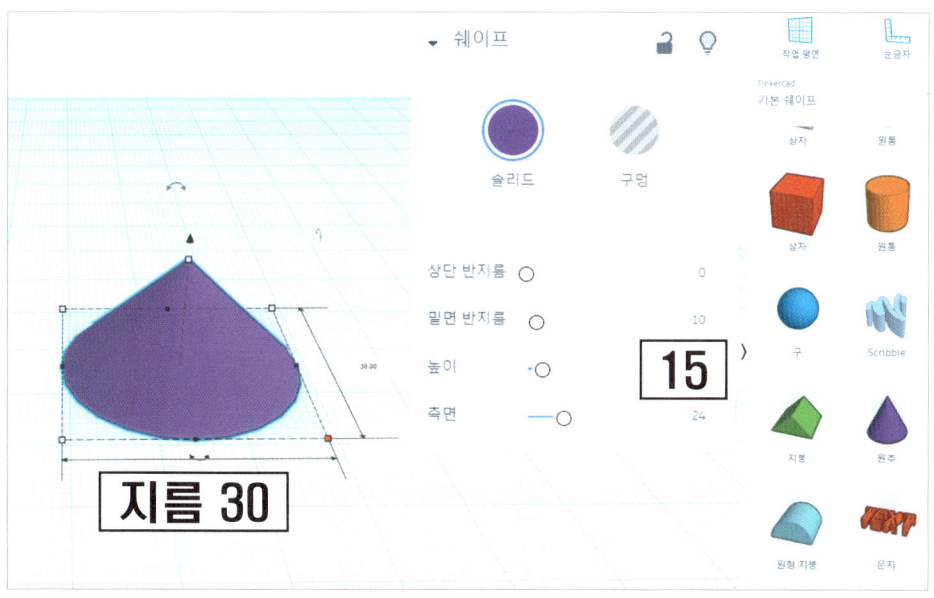

팽이 아래에 붙일 원추를 만듭니다.(지름 30, 높이 15)

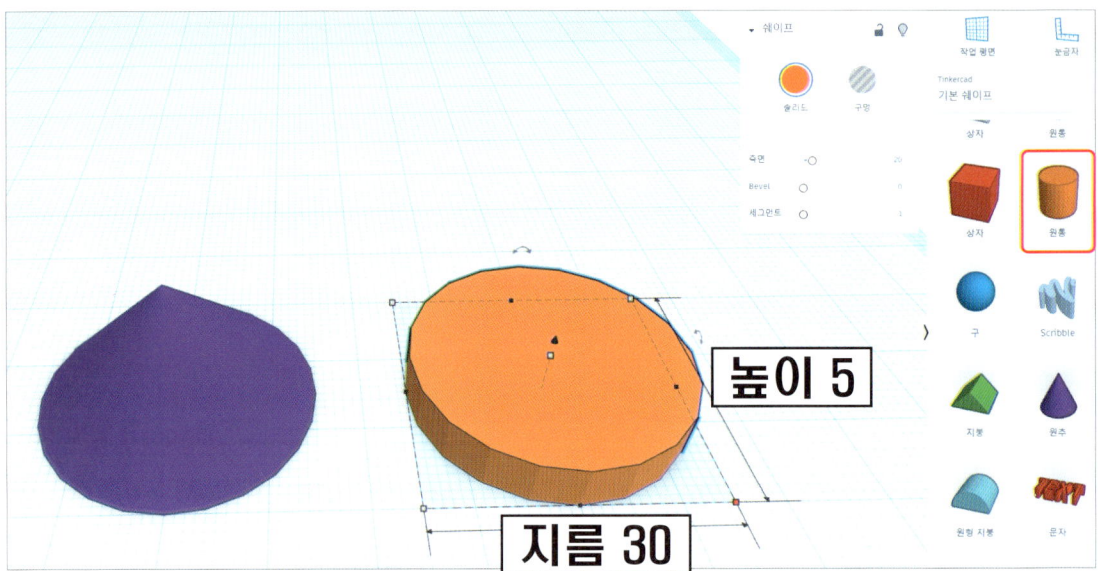

원추 위에 붙일 원통을 만듭니다.(지름 30, 높이 5)

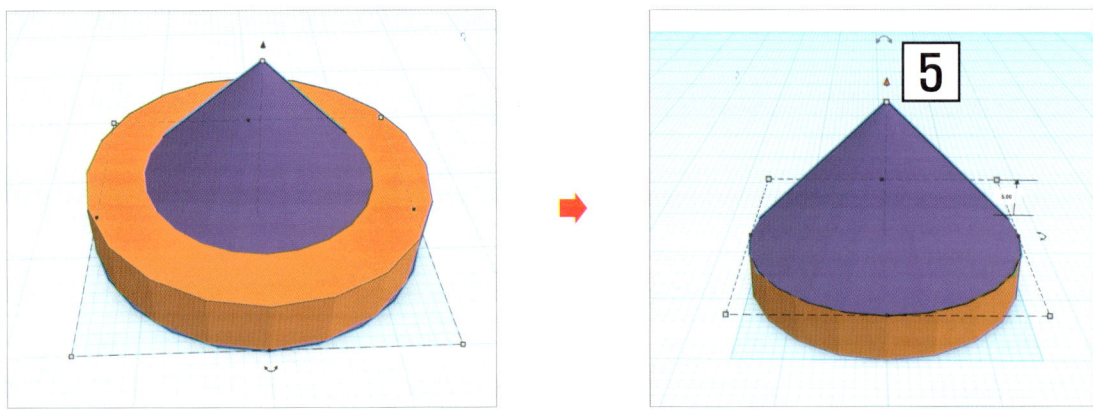

원추를 원통 중앙으로 이동하고 위로 5만큼 띄워서 그림과 같이 되도록 합니다.

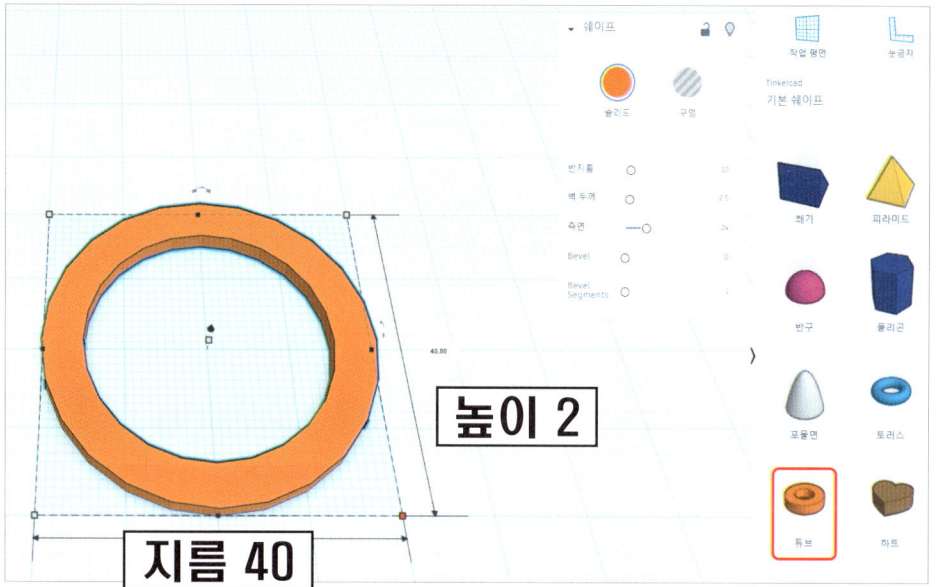

튜브를 선택하여 지름 40, 높이 2로 크기를 변경합니다.

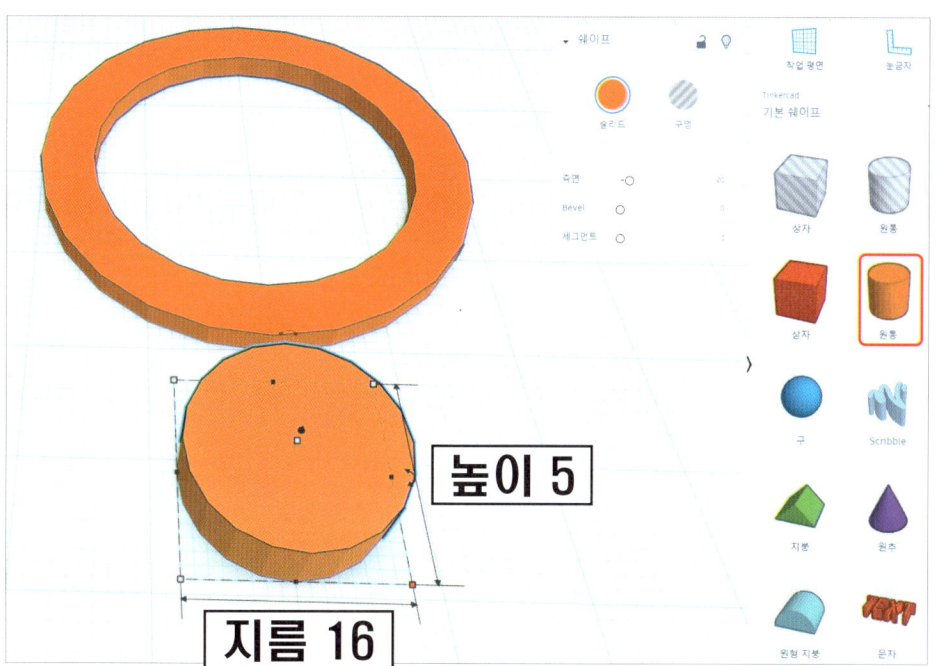

원통을 선택하여 지름 16, 높이 5로 크기를 변경합니다.

TINKERCAD DESIGN For 3D PRINTING

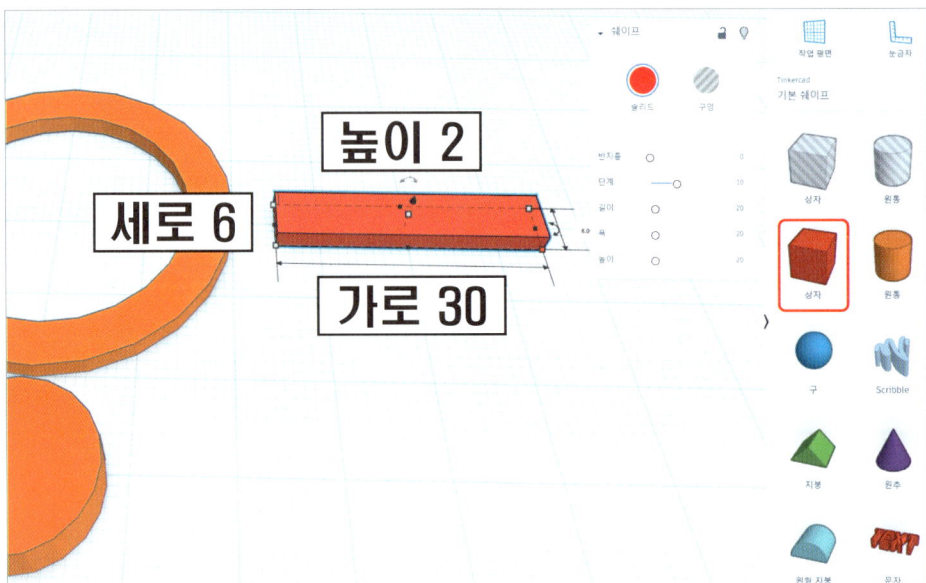

상자를 선택하여 가로 30, 세로 6, 높이 2로 크기를 변경합니다.

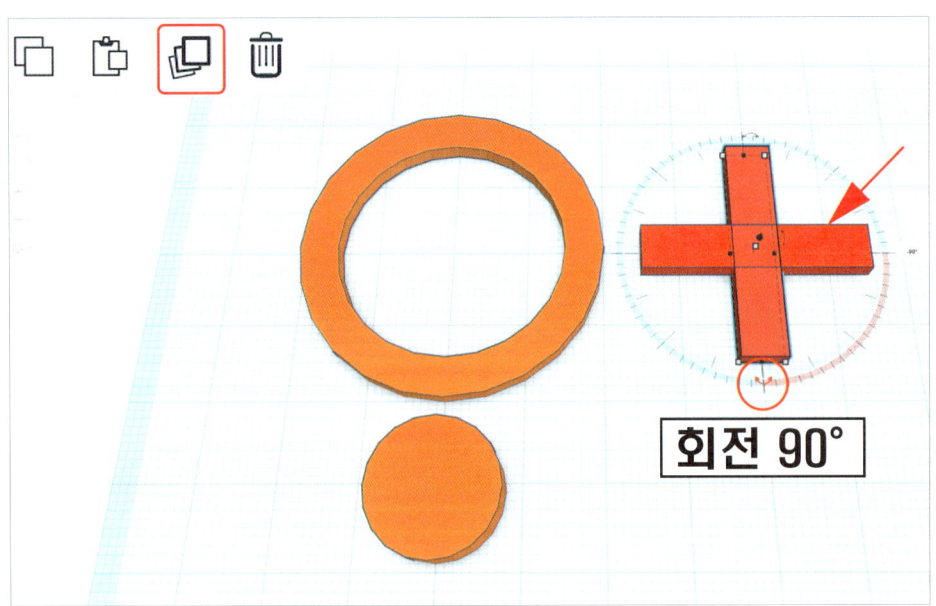

상자를 선택하여 복제하고 90°로 회전합니다.

TINKERCAD DESIGN For 3D PRINTING

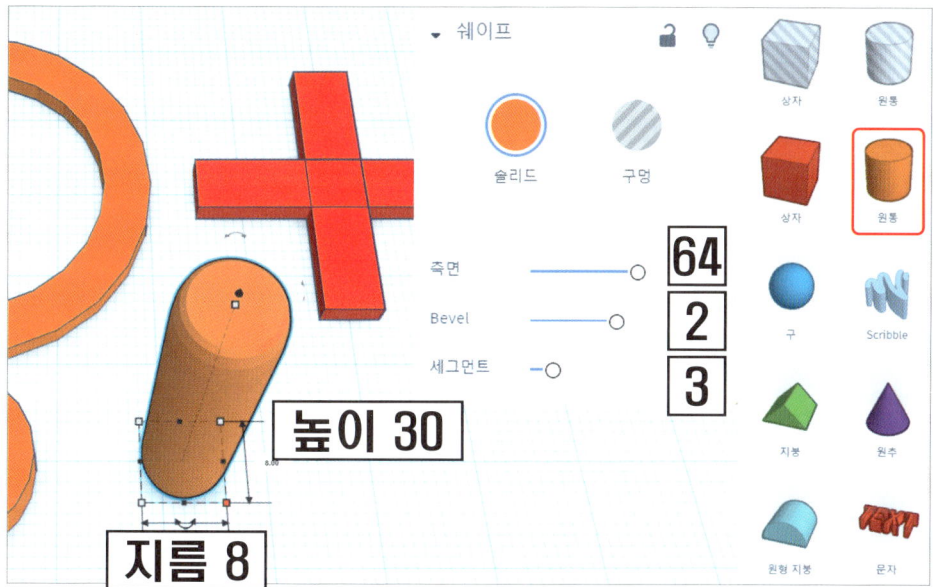

원통(지름 8, 높이 30)을 만들고 쉐이프 메뉴에서 측면 64, Bevel 2, 세그먼트 3으로 변경합니다.

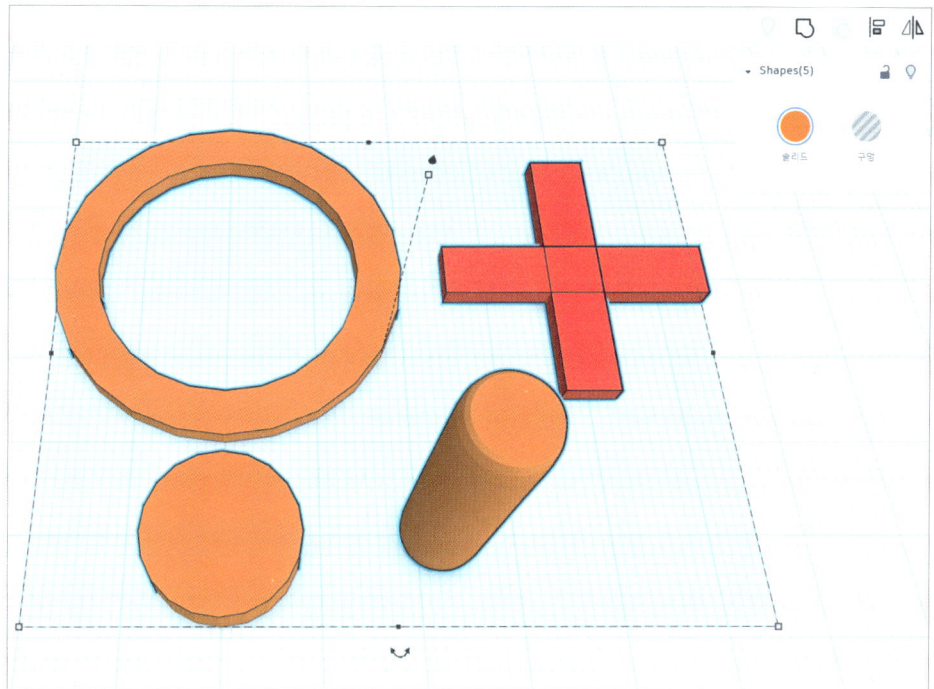

`Crtl` + `A` 혹은 마우스를 드래그하여 모든 도형을 선택합니다.

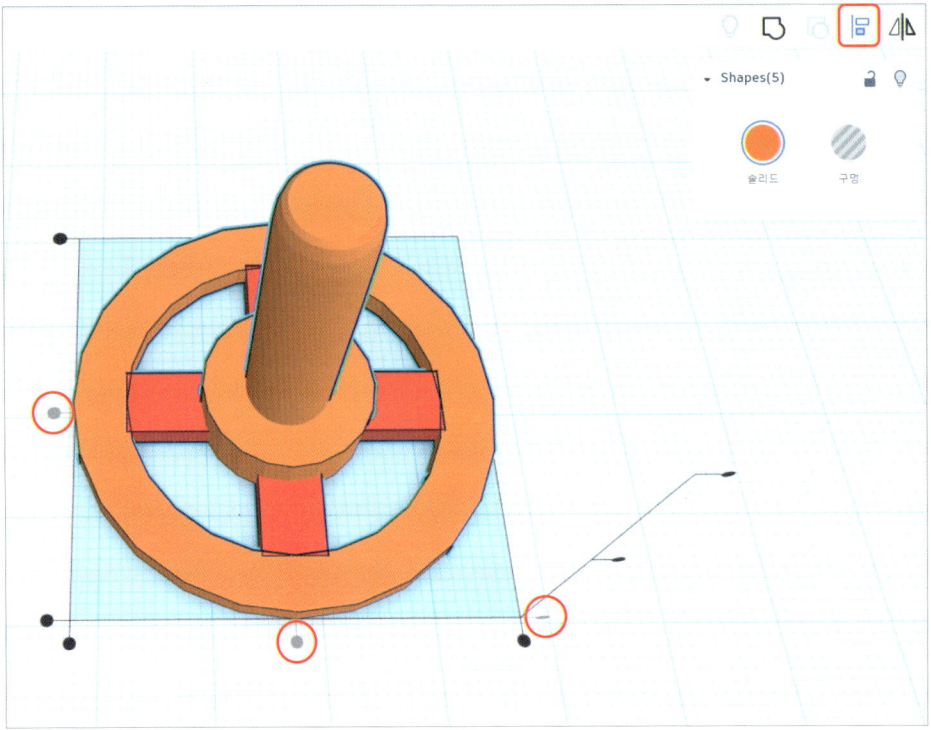

정렬 아이콘을 클릭하고 가운데 정렬을 합니다.

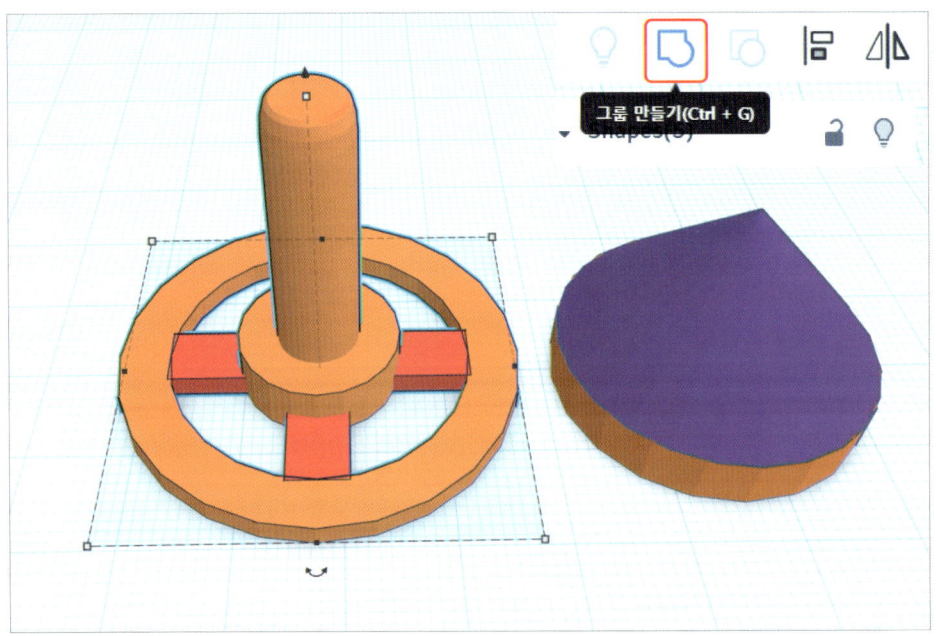

팽이 상단 손잡이 부분과 팽이 하단 원추 부분을 각각 그룹화합니다.

TINKERCAD DESIGN For 3D PRINTING — SECTION 11

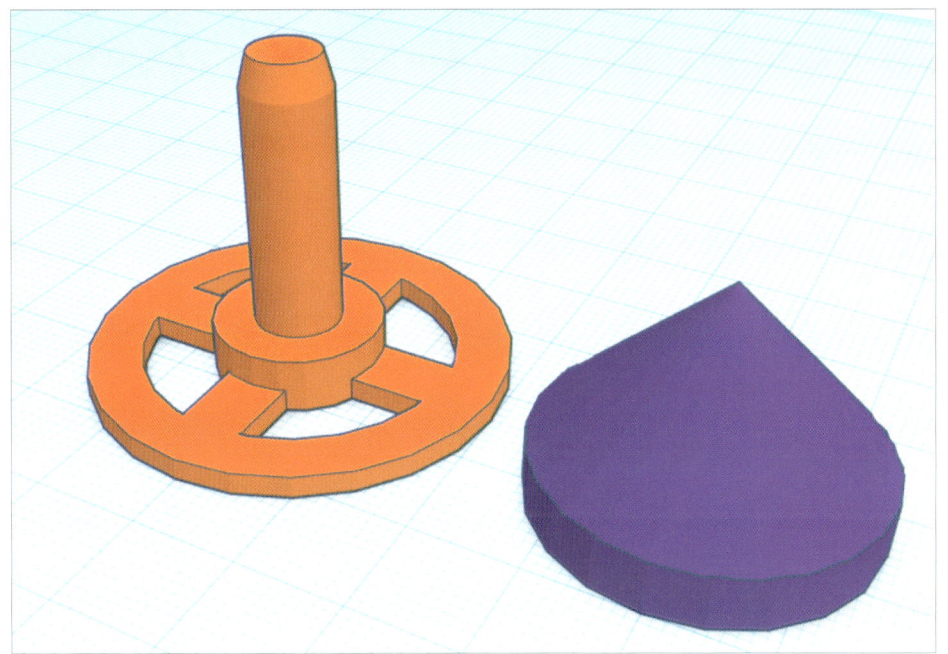

완성

 3D프린터로 출력 시에 온전한 팽이 모양은 원추 끝부분과 바닥면과의 맞붙게 되는 면적이 좁아서 출력이 잘 되지 않습니다. 출력 후 접착제 등을 이용하여 붙여야 하기 때문에 모델링은 위의 그림과 같은 상태로 마무리 합시다.

※ 다른 모양의 팽이도 만들어보고 친구들과 팽이놀이를 해봅시다.

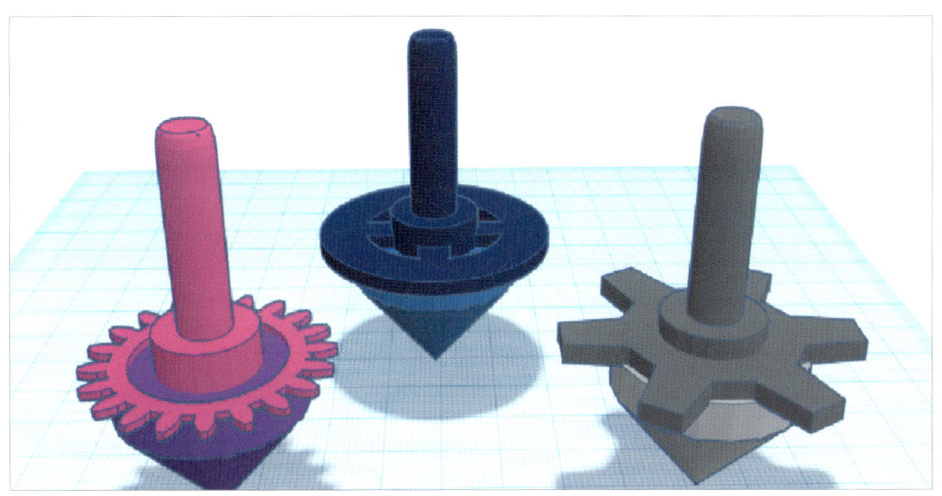

SECTION 12

호루라기

TINKERCAD DESIGN For 3D PRINTING

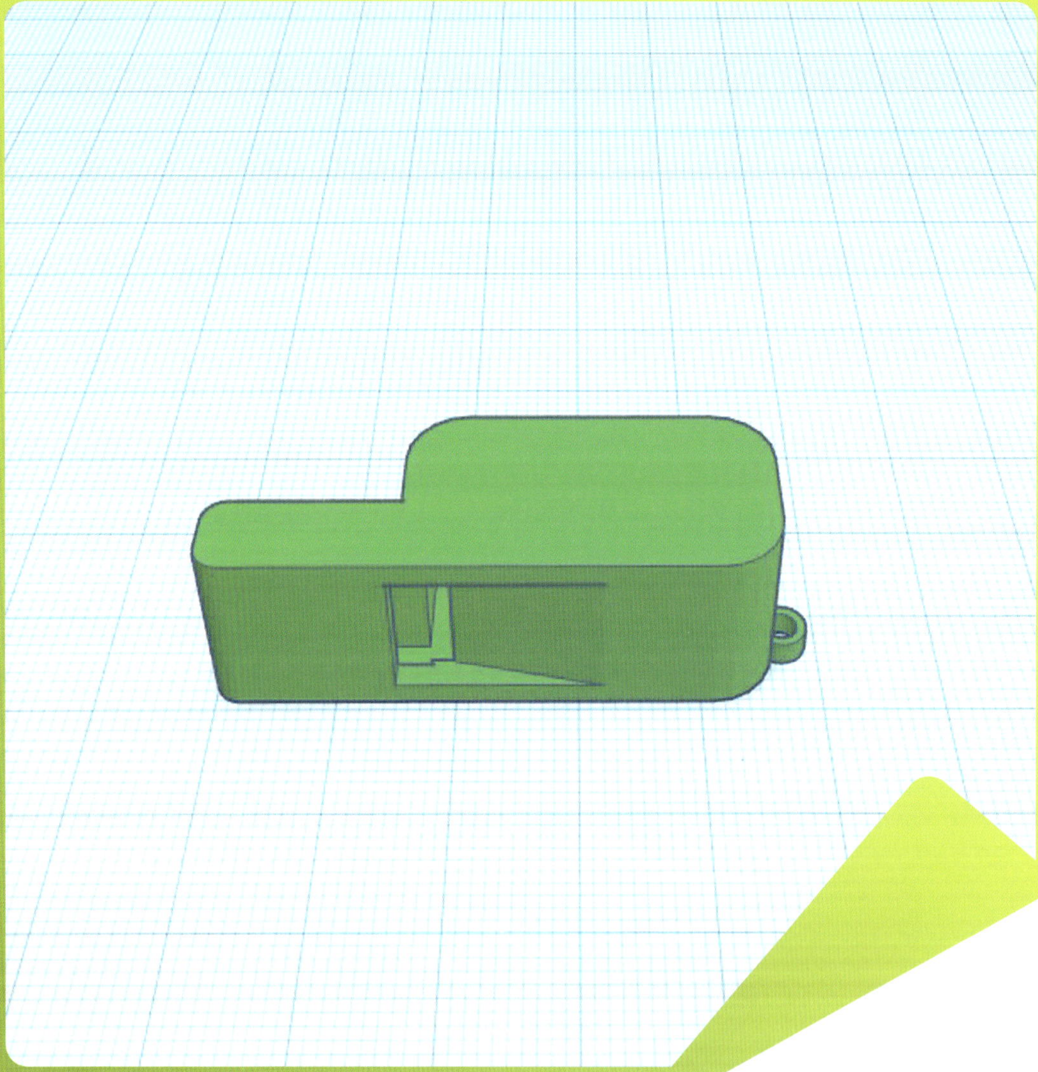

● **구슬이 없이 소리나는 호루라기 만들기**

모서리를 둥글게 깎은 호루라기를 모델링해 봅시다.
모델링을 통하여 호루라기의 구조를 이해할 수 있습니다.

TINKERCAD DESIGN For 3D PRINTING

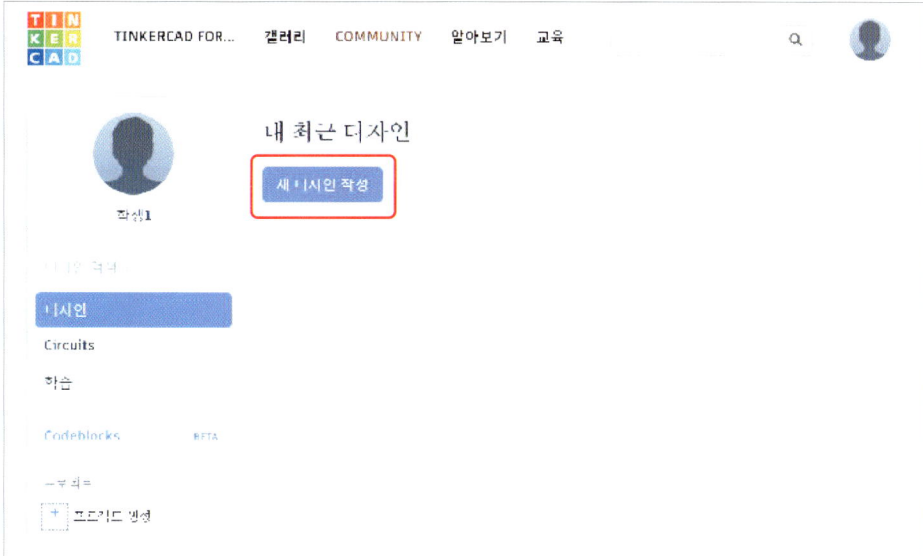

구글크롬 에서 틴커캐드 웹사이트(www.tinkercad.com)에 접속합니다.
로그인 후 대시보드의 새 디자인 작성 을 클릭합니다.

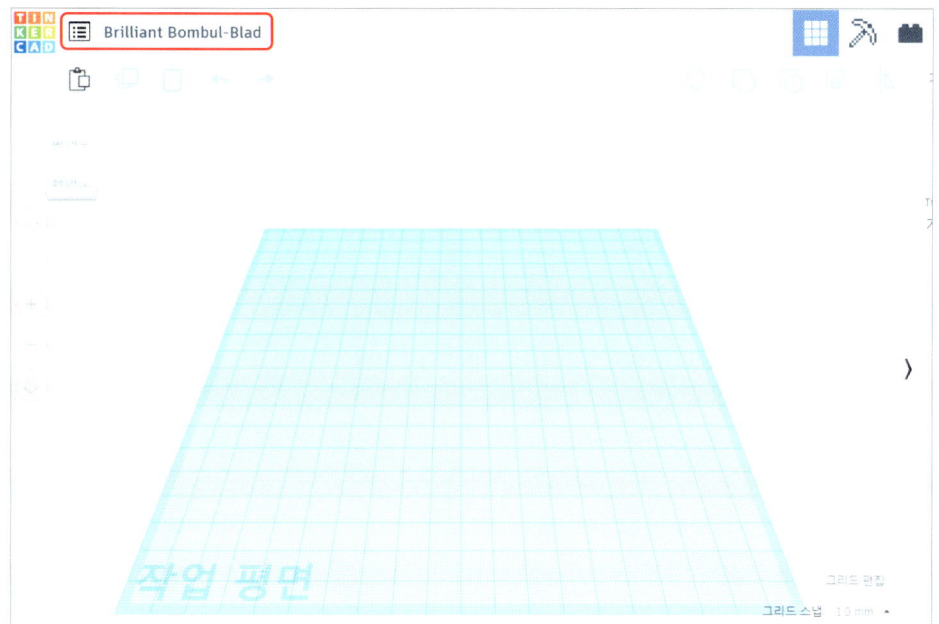

틴커캐드는 저장 버튼이 따로 없으며 웹에서 작업하고 모델링 작업파일 역시 인터넷 저장 공간에 자동으로 저장됩니다. 임의로 주어진 영어이름을 클릭하면 파일명을 수정할 수 있습니다.

TINKERCAD DESIGN For 3D PRINTING

파일명을 "**호루라기**"로 수정하고 엔터키 또는 화면의 빈 공간 아무 곳이나 클릭합니다.

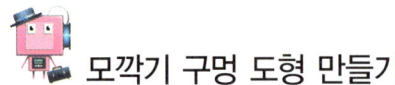 모깎기 구멍 도형 만들기

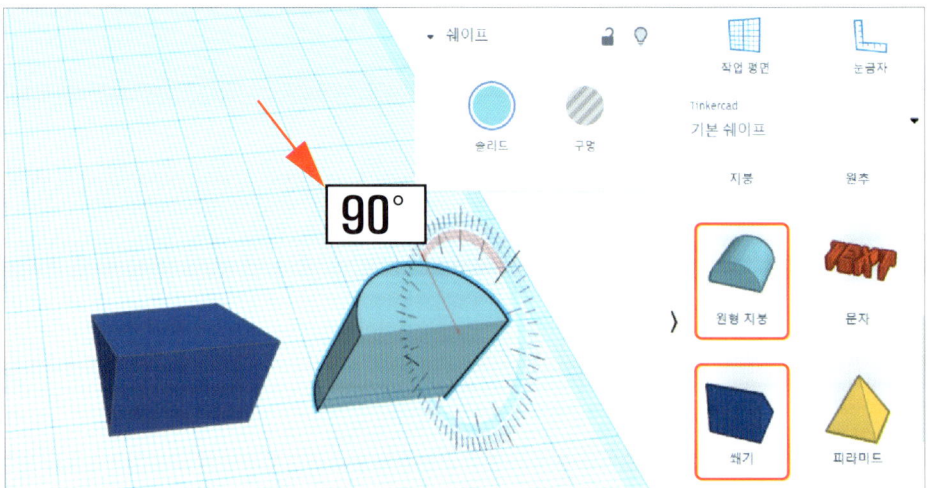

기본 쉐이프에서 원형 지붕과 쐐기를 가져와 90° 회전시켜 세웁니다.

TINKERCAD DESIGN For 3D PRINTING SECTION 12

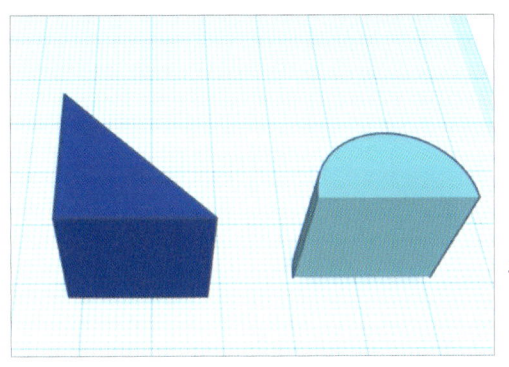

 를 눌러서 작업 평면에서 바닥면이 떨어진 도형은 작업 평면 위로 붙혀줍니다.

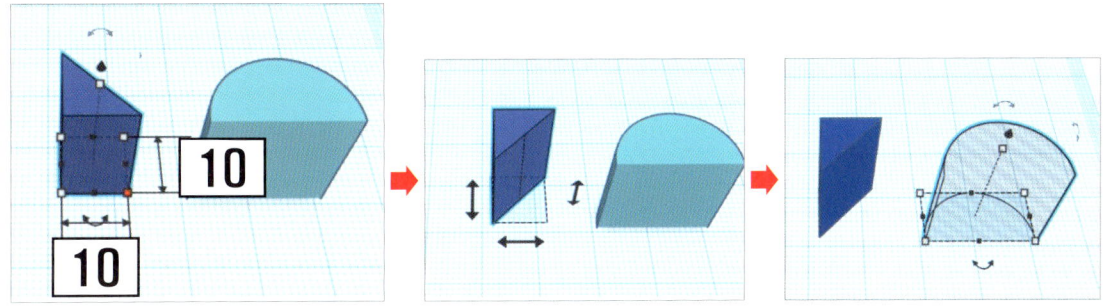

쐐기 도형의 사이즈를 (가로 10 , 세로 10)으로 바꿉니다. 쐐기 도형을 대칭시켜 위의 모양처럼 만듭니다. 원형 지붕 도형은 구멍 도형으로 바꿉니다.

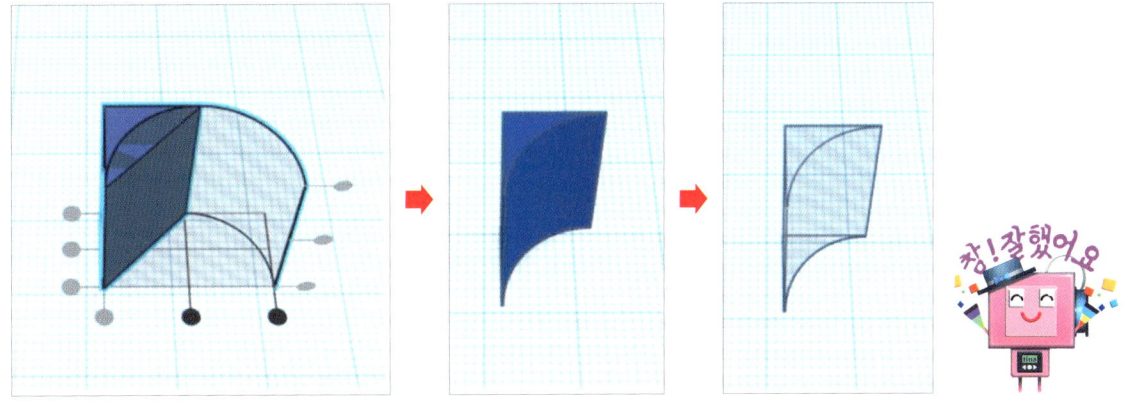

두 도형을 모서리 부분으로 정렬시킨 후 그룹화합니다. 평면도 보기에서 두 도형을 가운데 정렬합니다. 남겨진 모서리 부분을 구멍 도형으로 만들어 모서리를 둥글게 깎기 위한 구멍 도형을 완성합니다.

TINKERCAD DESIGN For 3D PRINTING

03

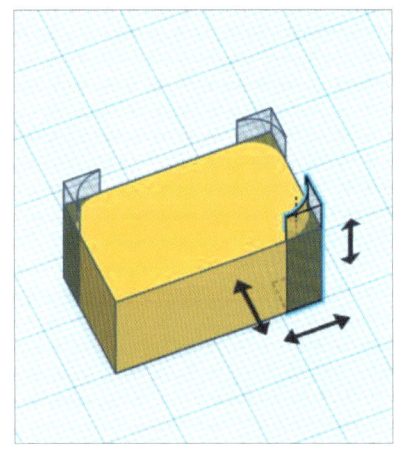

기본 쉐이프에서 상자를 선택하여
작업 평면에 놓고 가로 30, 세로 17, 높이 15로 크기를 바꿉니다.

모깎기 구멍 도형은 복제하여 원본은 그대로 두고 복제된 도형은 가로 5, 세로 5로 크기를 조정합니다. 복제된 모깎기 구멍 도형은 또 두번의 복제와 대칭을 이용하여 3개로 만들어 모서리 3군데 정렬합니다. 그림의 도형 4개를 그룹화합니다.

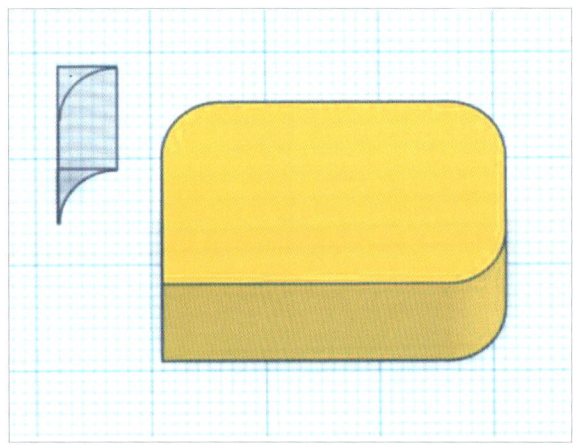

- **상자** : 가로 30, 세로 17, 높이 15
- **모깎기 구멍 도형** : 가로 5, 세로 5

04

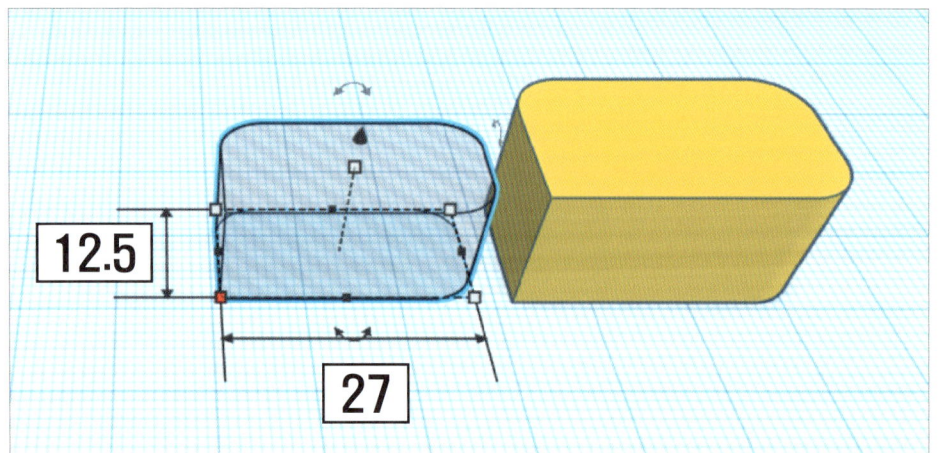

도형을 복사하여 붙혀넣기 한 후 구멍 도형을 만듭니다.
구멍 도형의 크기를 가로 27 , 세로 12.5 , 높이 13 으로 바꿉니다.

TINKERCAD DESIGN For 3D PRINTING   SECTION 12

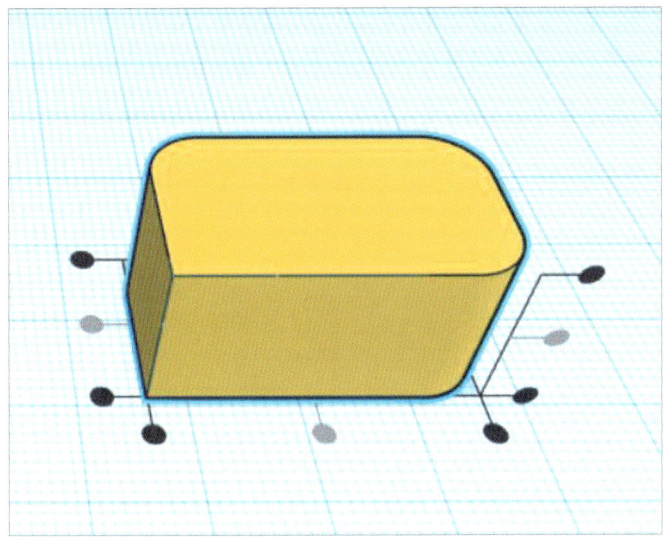

가운데 정렬하여 그룹화시킵니다.

05

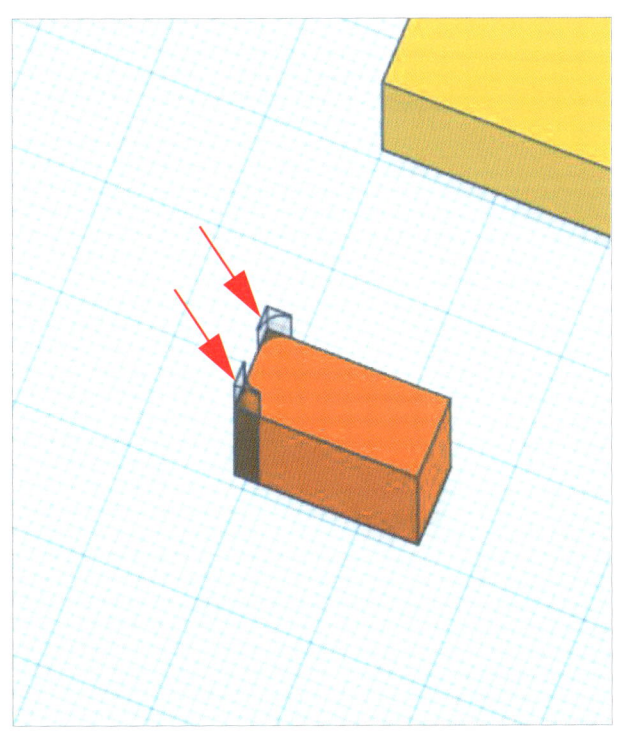

기본 쉐이프에서 상자를 선택하여 작업 평면에 놓고 가로 16, 세로 7, 높이 15로 크기를 바꿉니다.

모깎기 구멍 도형은 가로 2, 세로 2로 크기를 조정한 후 모서리 2군데에 그림과 같이 정렬합니다.

- **상자** : 가로 16, 세로 7, 높이 15
- **모깎기 구멍 도형** : 가로 2, 세로 2

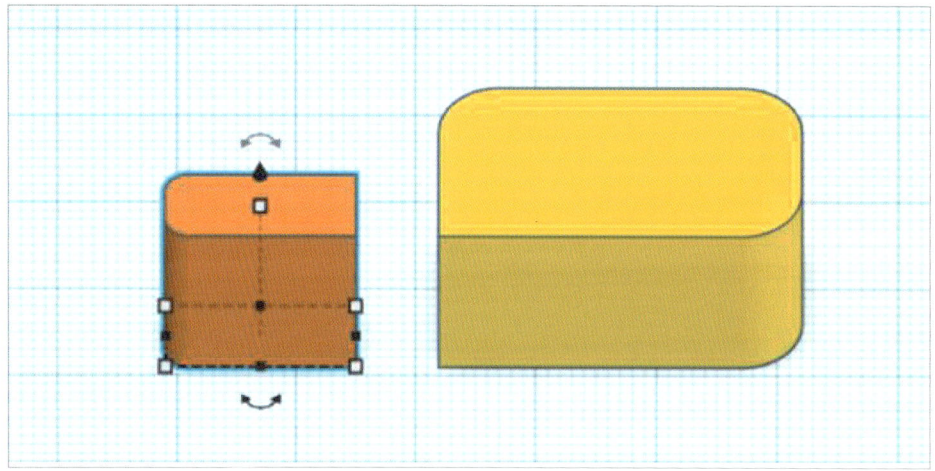

그룹화하면 이제 모서리가 둥근 두 도형만 작업 평면에 남습니다.

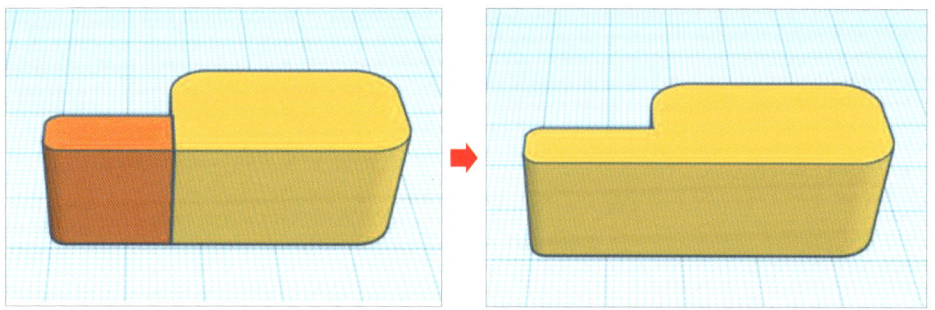

두 도형을 그림과 같이 붙이고 그룹화합니다.

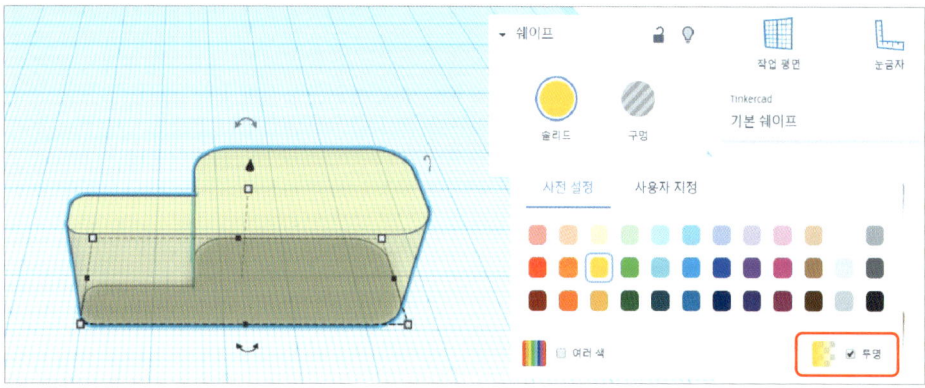

색상표 아래쪽 투명을 체크하면 내부가 보이는 투명 도형이 됩니다.

TINKERCAD DESIGN For 3D PRINTING _____ SECTION 12

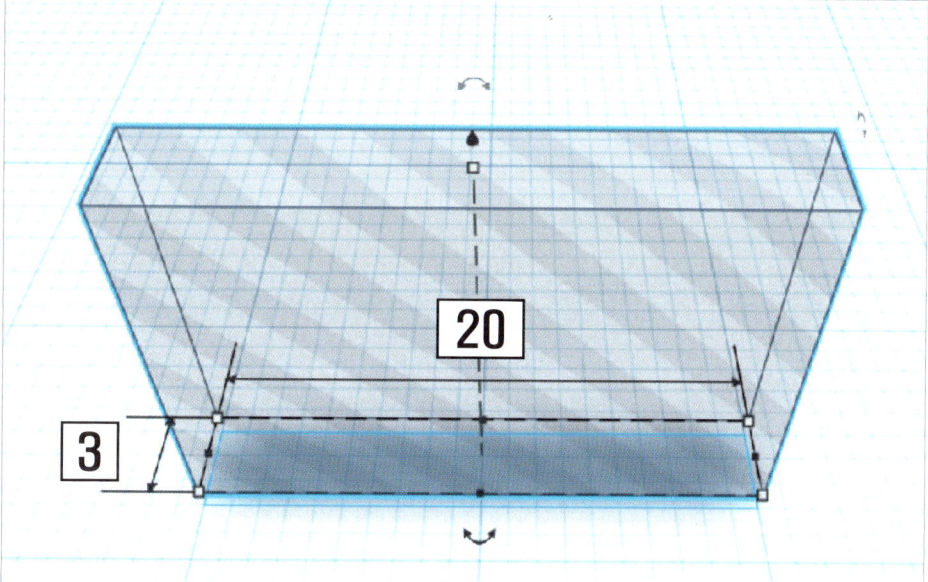

가로 20 정도, 세로 3, 높이 13 구멍 상자를 만듭니다.

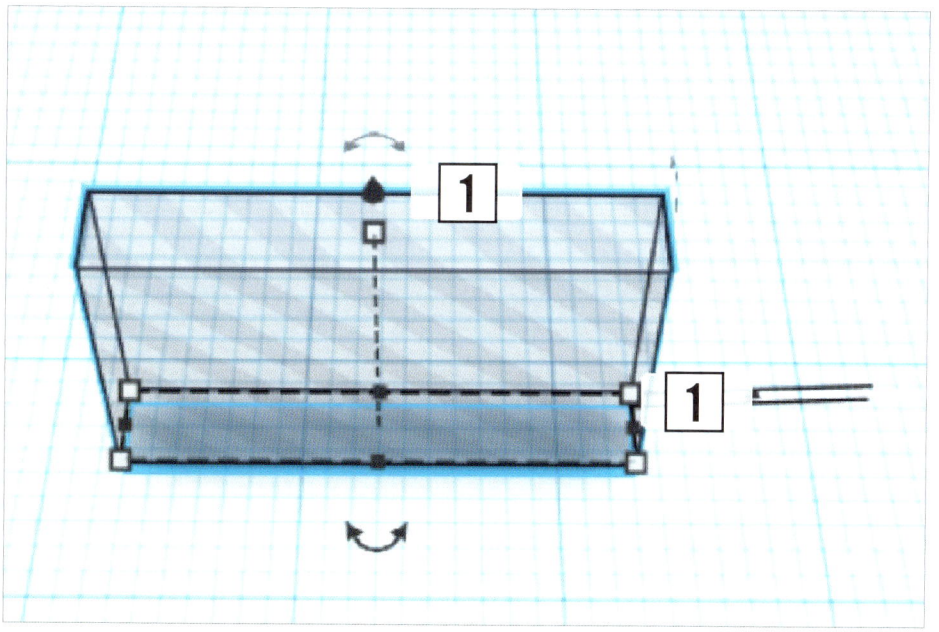

바닥에서 1만큼 띄웁니다.

TINKERCAD DESIGN For 3D PRINTING

평면도 보기에서 그림처럼 **구멍 도형**을 투명 호루라기 모양 도형에 배치합니다.

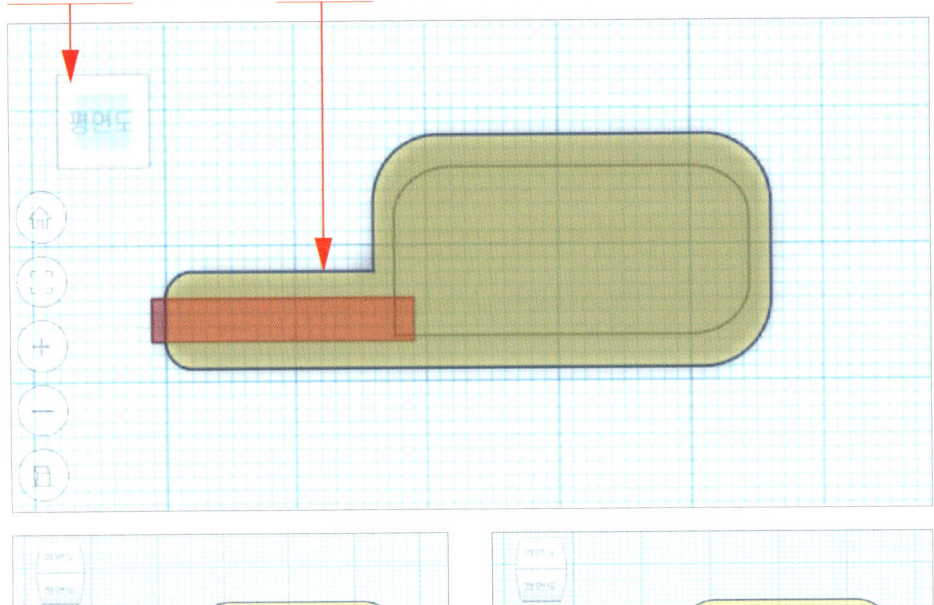

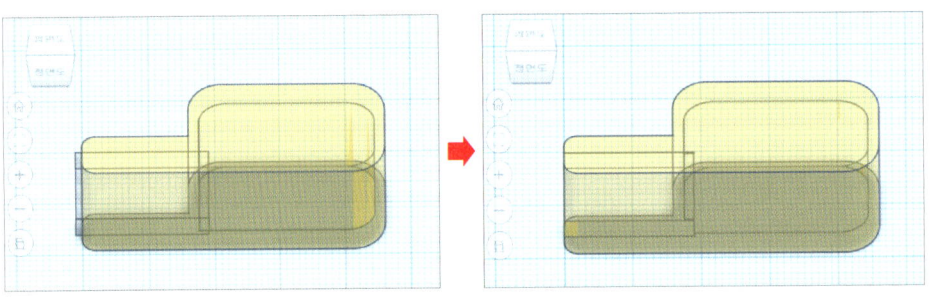

그룹화합니다.

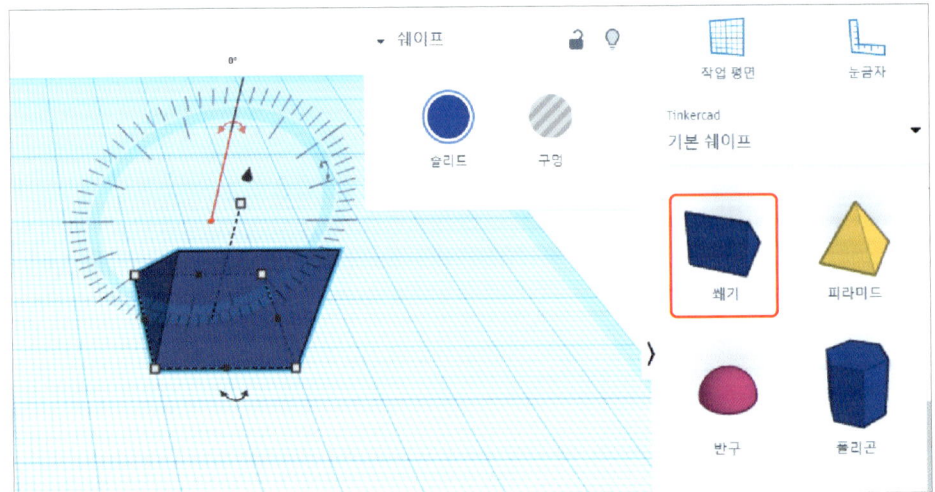

쐐기를 선택하여 작업 평면에 놓고 90° 회전시킵니다.

TINKERCAD DESIGN For 3D PRINTING

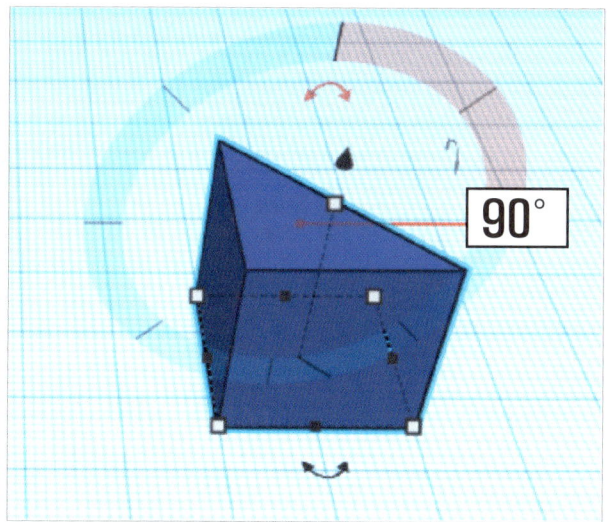
회전 화살표를 이용하여 90° 회전시킵니다.

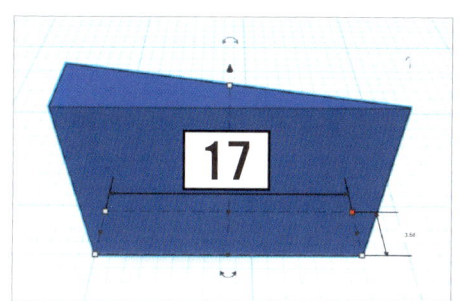 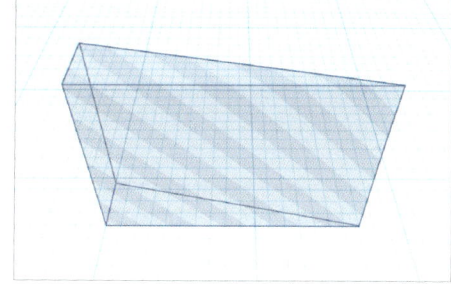
가로 17, 세로 3.5, 높이 11.5의 구멍 도형으로 변경합니다.

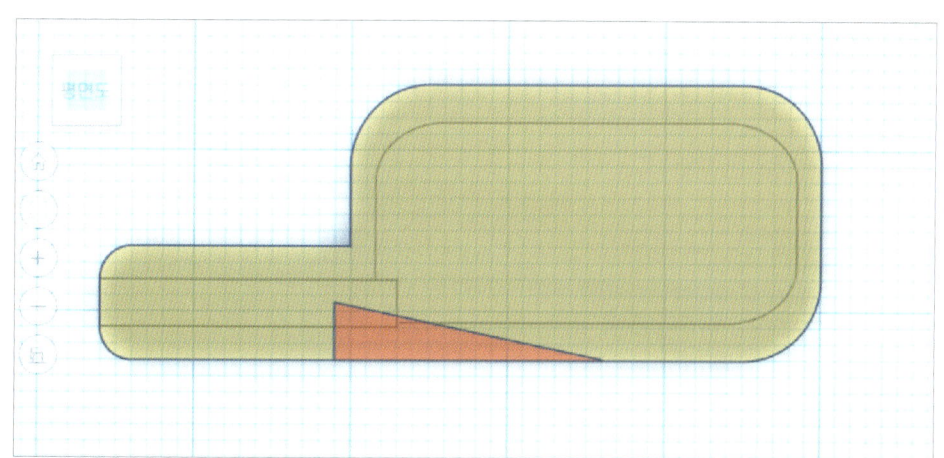
평면도 보기에서 그림처럼 구멍 도형을 투명 호루라기 모양 도형에 배치합니다.

TINKERCAD DESIGN For 3D PRINTING

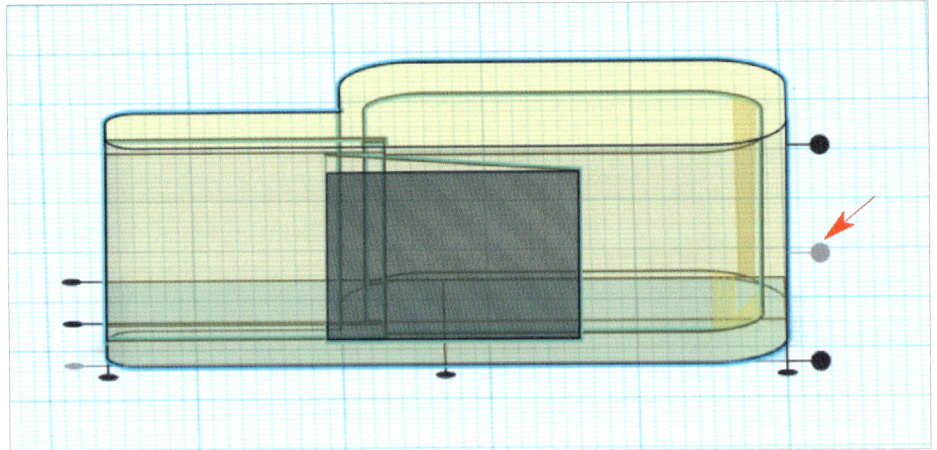

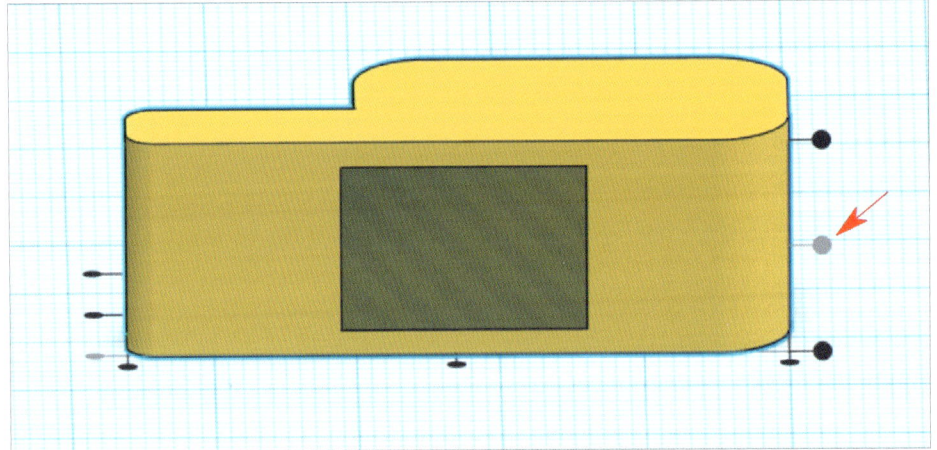

호루라기 모양과 바람 구멍 쐐기 모양을 위, 아래, 가운데 정렬하고 그룹화합니다.

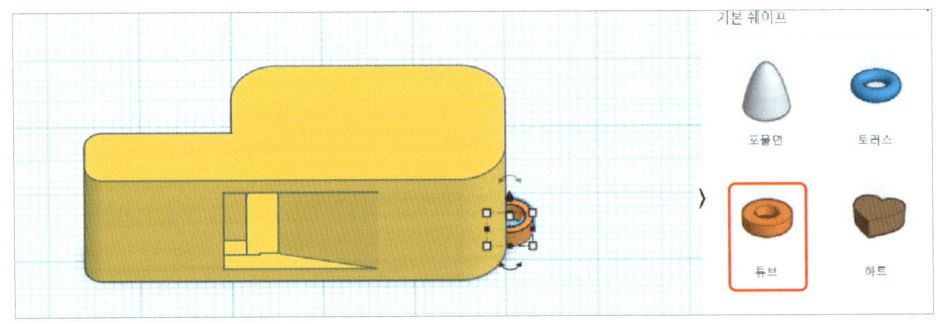

튜브 도형을 이용하여 고리를 만들어 줍니다.
예 가로 5, 세로 5

TINKERCAD DESIGN For 3D PRINTING　　　　　　　　　　　　SECTION **12**

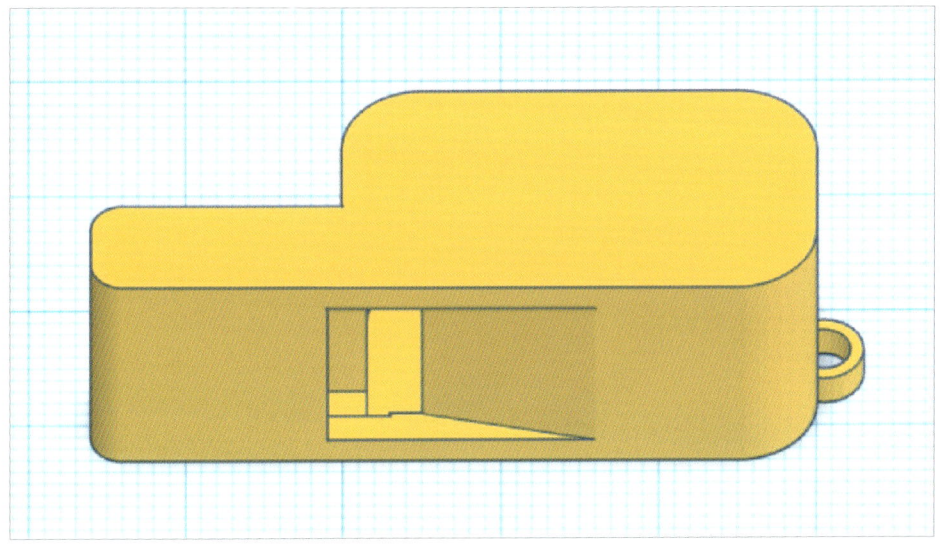

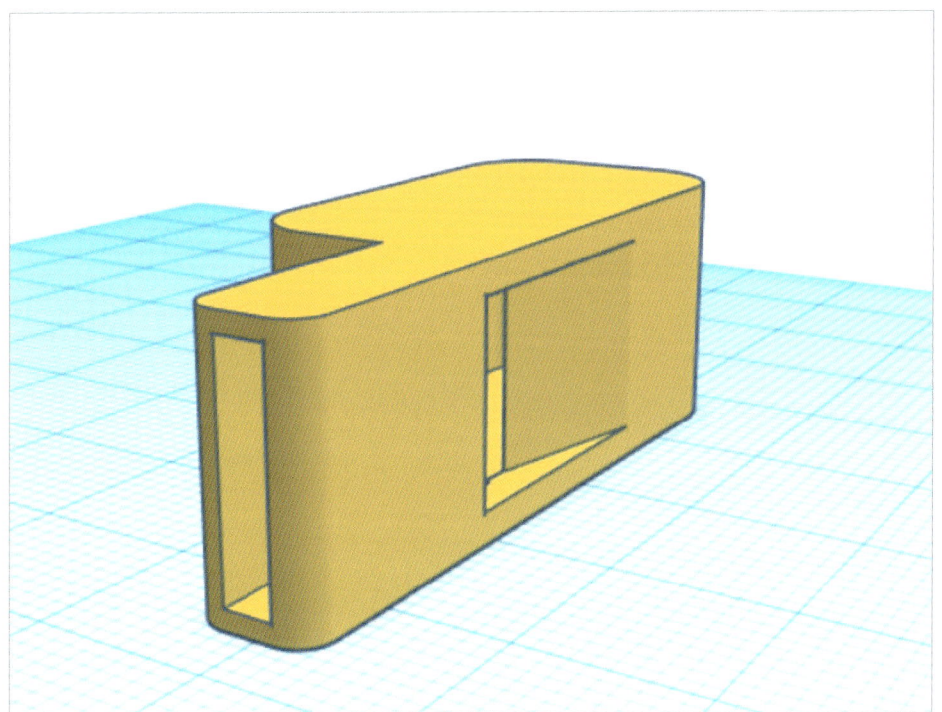

완성

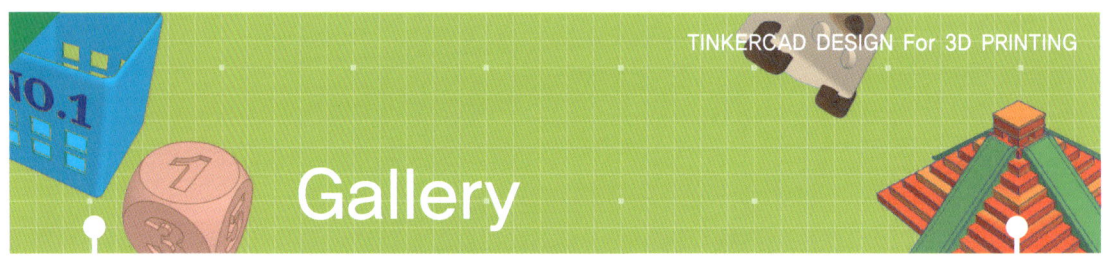

Gallery

01 _픽셀 모형

02 _팬던트

TINKERCAD DESIGN For 3D PRINTING　　　　　　　　　　　Gallery

03_손글씨 도장

04_마야 피라미드

TINKERCAD DESIGN For 3D PRINTING　　　　　　　　　　　Gallery

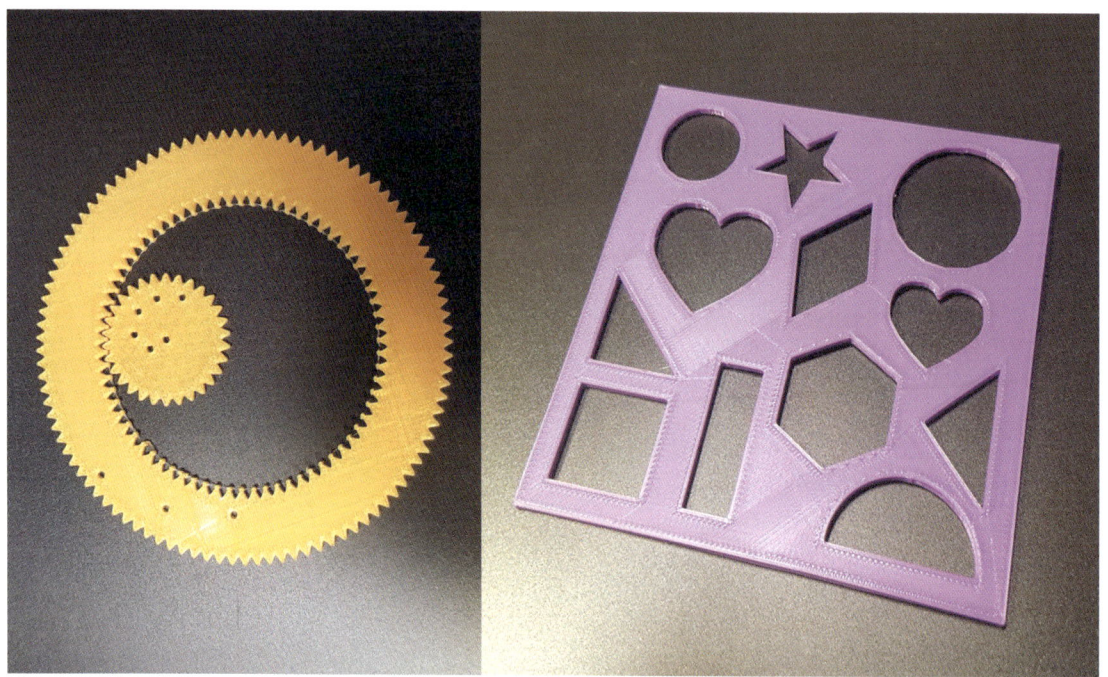

05 _모양자

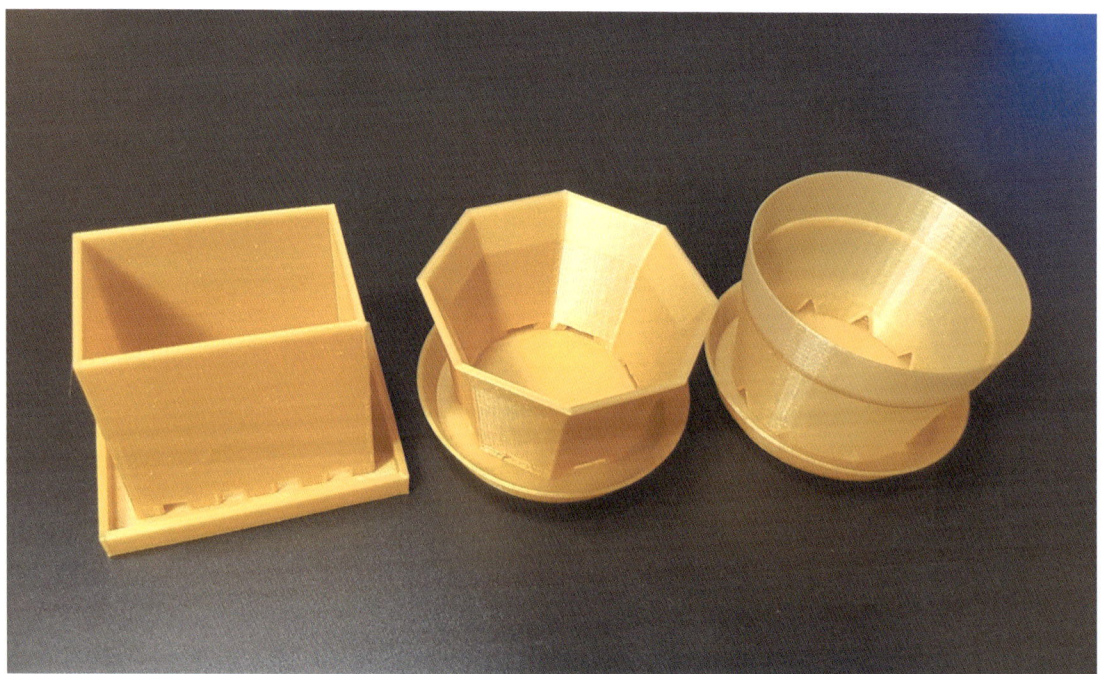

06 _미니 화분

TINKERCAD DESIGN For 3D PRINTING — Gallery

07_숫자 주사위

08_연필 꽂이

TINKERCAD DESIGN For 3D PRINTING Gallery

09_연필 캡

10_도어사인

TINKERCAD DESIGN For 3D PRINTING Gallery

11 _빙글빙글 팽이

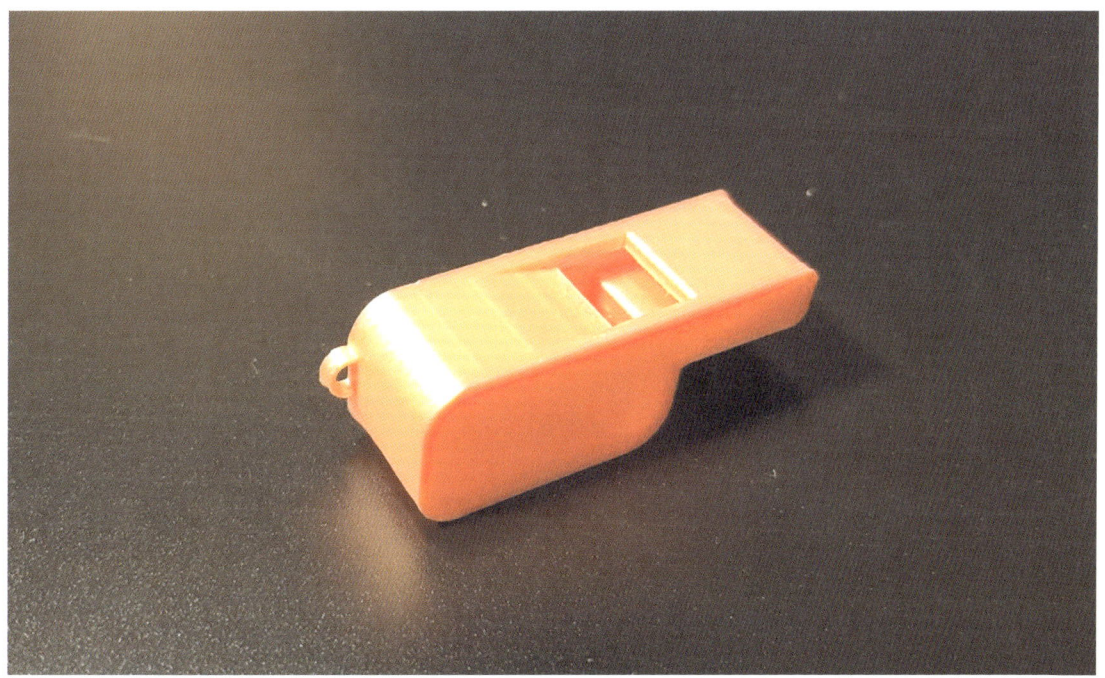

12 _호루라기

지금까지 우리는
「3D프린팅 수업을 위한 틴커캐드 디자인」 1권 교재로
3D모델링을 재미있게 배웠습니다.
다음 차시는
「3D프린팅 수업을 위한 틴커캐드 디자인」 2권으로
연결됩니다.